Andrea Kreuzer

Meine Berufung entdecken und leben

Andrea Kreuzer

Meine Berufung entdecken und leben

Eine praktische Anleitung

aussaat

www.nvg-medien.de
Titelgestaltung: Andreas Sonnhüter (www.sonnhueter.com) unter Verwendung von Fotos © iStockfotos
Satz: Bittner Dokumedia, Wöllstadt
Druck: Fuck Druck, Koblenz
ISBN 978-3-7615-5569-9

Bestell-Nr.: 155 569

Vorwort

„Wenn einer eine Reise tut, dann kann er was erzählen ...“, sagt man. Und es stimmt auch meistens. In diesem Buch werden Sie feststellen, dass es stimmt.

Andrea Kreuzer selbst ist auf eine große Reise gegangen. Ihr Ziel: Ihre eigene Berufung zu entdecken. Jetzt, „erfolgreich zurückgekehrt“, zeigt sie uns einen gangbaren Weg der Reise in die eigene Berufung hinein. Dabei gibt sie uns konkrete Hilfsmittel an die Hand, die wir auf dem Weg zur Berufung brauchen:

1. Eine Zielbestimmung: Wo geht die Reise hin? Was will ich mit meinem Leben erreichen? Im Buch gibt es Anleitungen und Arbeitsaufträge, die zur Klärung führen.

2. Eine „Landkarte“ mit eingezeichneten Umwegen und Stationen zum Ausruhen und Kraft schöpfen. Die Autorin zeigt ihren Leserinnen und Lesern, wie man mit den richtigen Fragen und in ehrliche Antworten investierter Zeit das Ziel besser erreichen kann.

3. Und dann gibt es noch einen ehrlichen Reisebericht einer jungen Familienfrau, die sagen kann, wie sie ihre eigene Berufung entdeckt hat. Ein Beispiel, das Mut macht.

In einer Zeit, in der viele Menschen selbstbezogen und zufrieden mit ihrem gleich bleibenden Alltag und der wenigen gestalteten Freizeit unterwegs sind, regt Andrea Kreuzer zu einem ganz anderen Abenteuer des Lebens an.

Dabei spürt man auf jeder Seite dieses Buchs, wie ernst es ihr ist, im Gespräch mit Gott und durch Anwendung vieler Hilfsmittel den Weg zum Ziel zu finden: Wozu hat Gott mich berufen? Andrea Kreuzer hat ihre Berufung entdeckt: Menschen zu helfen, ihre eigene Berufung zu finden. Dafür ist sie unterwegs, dafür schlägt ihr Herz. Und dafür hat sie das Buch geschrieben.

Elke Werner
WINGS - Women‘s International Network in God‘s Service

INHALT

2. Hinweise auf Ihre Berufung in einem Leitbild bündeln

3. Die Berufung trotz Widerständen leben

III. ANHANG

Liebe Leserin, lieber Leser,

tief in jedem von uns schlummert eine Vision, etwas, was wir mit unserem Leben anfangen und bewirken möchten. Tief in jedem von uns schlummert eine einzigartigen Berufung und Bestimmung.

Ich lade Sie ein, die Schönheit und Einmaligkeit Ihrer ganz persönliche Berufung zu entdecken.
Niemand sonst kann das sein und tun, wozu Gott Sie geschaffen hat.

Andrea Kreuzer

Krise und Sehnsucht

Genau das, was wir so gerne los wären:
Schmerz, Frustration und Sehnsucht
sind unsere größten Verbündeten.

Lydia liebte ihren Job als Sekretärin. Sie blühte auf, wenn Sie organisieren konnte. Eines Tages bekam sie einen neuen Chef. Die Freiheit und das Vertrauen, das ihr alter Chef ihr gegeben hatte, waren ihr täglich neue Motivation gewesen. Nun schleppte sie sich nur noch zur Arbeit. Hilflos erlebte sie, wie ihr neuer Chef sie mobbte. Sie wurde krank. Ihr Arzt verordnete ihr eine Auszeit.

Die Fragen, die in ihr aufstiegen, gingen tiefer als die, wie sie sich gegen die Demütigungen und den Terror der Verunsicherung wehren könne. Sie war in ihrer Persönlichkeit erschüttert und fragte sich: Wer bin ich? Was will ich leben? Wo blühe ich auf? Wo liegt meine Berufung?

Peter war siebzehn, als er beschloss, Theologie zu studieren. Er wollte Gott dienen. Seine Menschenscheu würde er schon verlieren. Er hatte über dieser Entscheidung gebetet und gefastet. In ihm wuchs die Sicherheit, dass Gott ihn zu diesem Weg berufen hatte. Das Studium, die geistigen Auseinandersetzungen machten ihm Spaß. Seine Mitarbeit in einer christlichen Studentenorganisation bestätigten ihn in seinen Fähigkeiten, Einzelne oder kleine Gruppen geistlich und praktisch herauszufordern und zu trainieren. Im Vikariat kamen die ersten Zweifel. Dieses Pfarramt beinhaltete viel mehr, als Menschen in ihrer Nachfolge Jesu zu trainieren ... Diese vielen Zuständigkeiten eines Pfarrers schienen ihn zu erschlagen.

Doch inzwischen hatte er eine Familie. Sabine, seine Frau, erwartete ihr erstes Kind. Sie brauchten das Geld, die Sicherheit einer Anstellung.

Fünf Jahre später brach er erschöpft zusammen. Wen sollte er mehr hassen? Das Amt, das keine Konzentration auf seine pastoralen Fähigkeiten zuließ, die kirchliche Organisationsstruktur, die ihren Mitarbeitern in Zeiten knapper Finanzmittel immer mehr Aufgaben übertrug, seine Gemeinde, die seine ständige Erreichbarkeit wollte, oder Gott, der ihn zu diesem Amt berufen hatte? Doch vielleicht war er ja gar nicht dazu berufen? Doch zu was war er dann berufen?

Seit Ihrer Kindheit verschlang Liz begeistert Biografien. Was immer sie von berufenen Personen wie George Müller, dem Waisenhausvater, Hudson Taylor, dem China-Missionar oder anderen bekannten Persönlichkeiten gelesen hatte – sie waren sich sicher in dem, was sie taten. Sie erlebten Gott tausendfach im Alltag und sie bewirkten etwas mit ihrem Leben. Das wollte sie auch.

Jahre später erfüllte sich ihr größter Wunsch. Sie wurde Missionarin in Thailand. Auf einer Asienkonferenz lernte sie Walter kennen, der in Japan arbeitete. Sie heirateten und sie zog mit ihm nach Japan. Eine neue Sprache, eine neue Kultur, Walter, der in allem schon integriert und fähig war, sie dagegen erneut als Anfängerin – all das kostete Kraft.

Als sie Christoph, Ruth und Markus bekamen, konzentrierte sich ihre Lebenswelt schnell fast nur noch auf die Kinder. Die Erschöpfung kam schleichend. Der plötzlich eintretenden Schlaflosigkeit folgte eine schmerzvolle Depression. Sie musste nach Deutschland. Wie konnte das geschehen? Hatte sie nicht das gelebt, wozu sie berufen war? Hatte Gott sie nicht in den Stand der Mutter, Missionarin und Ehefrau gerufen?

Die Frage nach unser Berufung ist aktueller denn je. Die Burnout-Rate unter Pastoren, Missionaren und in christlichen Berufen ist so hoch wie nie zuvor. Doch auch Mütter, Manager und Menschen aus anderen Berufsgruppen brechen erschöpft zusammen. Das, wozu man sich berufen fühlte, erwies sich als schmerzvolle Sackgasse.

Die wertvolle Erfahrung, die daraus gelernt werden kann, lautet: Berufung ist kein Dienst! Berufung ist mehr als ein Beruf oder eine Aufgabe, so sehr diese auch zu einem passen mögen. Sie ist etwas Tieferes und Schöneres. Gottes Berufung für unser Leben ist etwas zutiefst Lebensspendendes und Heilsames, für uns und für andere. Und es ist gut, dass die Sehnsucht, die eigene Berufung zu kennen und zu leben, sich nicht auslöschen lässt.

Genau das, was wir so gerne los wären: Schmerz, Frustration und Sehnsucht sind unsere großen Verbündeten. Denn sie bringen uns auf den Weg. Sie lassen uns suchen.

Die Suche beginnt
Was möchten Sie entdecken?

Unser Verständnis von Berufung ist entscheidend für unsere Suche und das Erleben unserer Berufung im Alltag

Langsam füllt sich der Raum mit elf Frauen. Sie alle haben sich zu meiner fünfteiligen Seminarreihe „Wecke deine Vision" angemeldet. Manche Frauen begrüßen sich freudig und ziemlich überrascht, sich hier zu treffen. Andere geben sich neugierig oder freundlich die Hand.

Die Atmosphäre im Raum ist voller Erwartung. Ein bisschen Anspannung und Vorsicht ist auch dabei.

Kurze Zeit später lausche ich aufmerksam den Fragen, die die Teilnehmerinnen zu diesem Workshop veranlasst haben. Eine Teilnehmerin sagt: „Mich beschäftigt die Frage: Was ist meine Berufung?" Einige nicken. „Ich würde gerne herausfinden, ob die Berufung meines Mannes auch meine Berufung ist", sagt eine andere Frau. „Ich frage mich. Welchen Sinn hat mein Leben?" „Ich würde gerne herausfinden, ist mein Platz da, wo ich jetzt stehe?"

Ich bin gespannt, welche Antworten diese Frauen finden. Die Erfahrung lehrt mich, Gott wird ihnen ihre Fragen beantworten. Gott wird sie in ihre Berufung führen. Diese Frauen werden genau das entdecken, was für sie als Nächstes wichtig ist. Und je mehr sie dieses Thema in ihrem Alltag bewegen, desto achtsamer und sensibler werden sie für Gottes Hinweise zu ihrer Berufung in ihrem Alltag.

Doch was verstehen meine Seminar-Teilnehmer unter Berufung? Unser Verständnis von Berufung ist entscheidend für unsere Suche und das Erleben unserer Berufung im Alltag.

✉ ***Einladung***

Liebe Leserin, lieber Leser,

ich möchte Sie einladen: Machen Sie dieses Buch zu Ihrer persönlichen Entdeckungsreise.
Halten Sie Ihre Gedanken schriftlich fest.
Dies ist ein bewährtes Hilfsmittel, Erkenntnis- und Reifeprozesse sichtbar zu machen.
Sie werden staunen, was Sie durch ein persönliches „Reisetagebuch" an überraschenden Einsichten, Freude und Sicherheit über Ihre persönliche Berufung gewinnen.
Noch mehr werden Sie von Ihrem Reisetagebuch profitieren, wenn Sie die Reise zusammen mit anderen unternehmen oder sich mit jemandem über Ihre Antworten austauschen.
Sie müssen nicht allein reisen. Genießen Sie die Weggemeinschaft mit anderen.
Die nächste Seite gibt Ihnen die Möglichkeit, mit Ihren Entdeckungen zu beginnen.
Ich wünsche Ihnen viel Freude.

Gott selber wird Sie leiten.

Reisetagebuch:

Was verstehen Sie unter dem Wort Berufung?

Welcher Wunsch oder welche Frage hat Sie zu diesem Buch greifen lassen?

Welche Fragen hinsichtlich Ihrer Berufung bewegen Sie?

Sie haben nun festgehalten, welche Fragen Sie hinsichtlich Ihrer Berufung konkret bewegen. Damit halten Sie fest, wo Sie gerade stehen und geben sich die Möglichkeit später zu entdecken, mit welchen Antworten Gott Sie beschenkt hat.

Sie haben auch notiert, was Sie bis jetzt unter Berufung verstehen. Lesen Sie nun weiter und prüfen Sie, inwiefern das Kommende mit Ihren Gedanken übereinstimmt, sie ergänzt oder korrigiert.

Wenn Sie merken, dass es große Unterschiede gibt, möchte ich Ihnen Mut machen, mit einem Freund/in, mit einer vertrauten Gruppe (z. B. Hauskreis, Hauskirche, ...) oder mit jemanden, dessen Meinung Sie schätzen, darüber ins Gespräch zu kommen.

TEIL I: BASICS

1. Das sollten Sie über Berufung wissen

Hinter jedem von uns
steht eine einzigartige Berufung,
ein einzigartiger Auftrag,
den nur wir erfüllen können,
den nur wir zu Gottes Welt beitragen können.

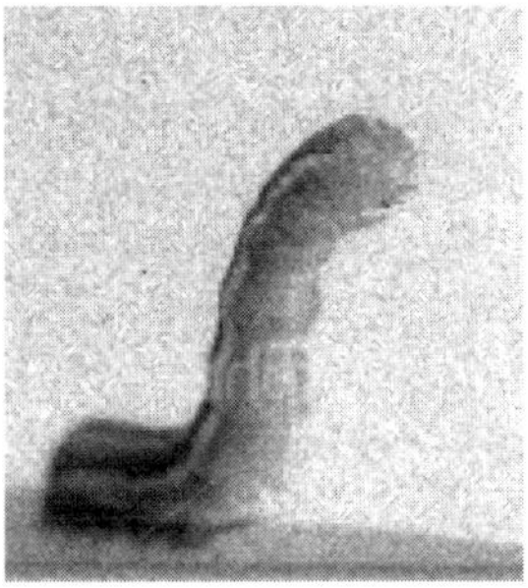

1.1 Ihre Berufung beinhaltet Ihr Sein und Tun

Berufung ist das, wozu Gott Sie geschaffen hat, es zu leben und zu tun.

Wenn Sie nach Ihrer Berufung suchen, was genau suchen Sie? Die richtige Aufgabe, die zu Ihnen passt? Den Platz, an dem Sie aufblühen? Die Ermutigung oder Erlaubnis, das zu leben, was Sie gerne leben möchten? Vielleicht ist es auch der Wunsch, zutiefst Sie selbst zu sein und im Einklang mit sich zu leben? Oder Sie suchen nach dem, was Sie nicht überfordert und Ihnen nicht zu viel wird?

Möglicherweise erleben Sie gerade eine Phase der Orientierungslosigkeit und Sie fragen sich: Auf was soll ich mich konzentrieren? Ich kann so viel und mir ist so vieles wichtig. Oder Sie halten Ausschau nach der Aufgabe, die über Sie selbst hinaus weist und dem Leben dient? Vielleicht wünschen Sie sich vor allem neu die Rückendeckung und Bestätigung Ihres Schöpfers?

Diese und ähnliche Antworten bekomme ich, wenn ich Menschen in meinen Seminaren frage, was Sie unter Berufung verstehen. Ich möchte Ihnen eine Definition von Berufung weitergeben, die ich als hilfreich empfinde und die mein Leben ins Gleichgewicht brachte. Tag für Tag hilft sie mir, meine Berufung zu sehen und zu leben. Damit Sie diese Berufungsdefinition besser beurteilen können und die Prägung Ihres eigenen Berufungsverständnisses besser verstehen können, möchte ich Ihnen auszugsweise vorstellen, wie sich die Interpretation von Berufung im Lauf der Jahrhunderte gewandelt hat.

Die Deutung von Berufung im Lauf der Jahrhunderte

Der Blick in die Bibel und in die Kirchengeschichte zeigt, dass im Lauf der Jahrhunderte der Begriff Berufung im Sinne einer Lebensberufung verschiedene Deutungen erfahren hat.

In der Bibel bedeutet Berufung die konkrete Anrede Gottes an einen Menschen. Aus ihrer alltäglichen Existenz ruft Gott diese

Person in ein besonderes Verhältnis zu sich. Oft sieht das so aus, dass Gott diesem Menschen einen neuen Weg weist oder ihn mit einem neuen Dienst beauftragt. Seine Berufung durch Gott erfolgt dabei nicht auf Grund besonderer Qualitäten. Sie beruht auf Gottes freier Initiative und Souveränität.

Im Alten Testament sind es einige wenige Personen wie Abraham, Mose, die Propheten, David - und als Volk die Israeliten, die Gott auf diese Weise herausruft, beauftragt und bevollmächtigt. Bei dieser Berufung und Sendung verspricht Gott den Berufenen immer in besonderer Weise seine Gegenwart, seinen Schutz, seine Hilfe und seine Führung für den Auftrag. Gleichzeitig erwartet Gott Vertrauen, das sich im Hören und Tun dessen ausdrückt, was er sagt. Verbunden mit dem Auftrag ist ein Lebensstil, der kompromisslos Gott ins Zentrum stellt. Die Berufung entfaltet sich in dem Maß, in dem die Berufenen tun, was Gott sagt.

Im Neuen Testament werden Menschen in die Lebensgemeinschaft mit Jesus berufen (1.Kor. 1,9). Nun sind es nicht mehr einige wenige, sondern alle Menschen, die Gott anredet und in ein neues Verhältnis zu sich ruft. Es ist ein Verhältnis des Vertrauens und der Kindschaft. Diese Berufung beinhaltet ein Rettungs- und Lebensangebot. Sie ist eine Brücke von der zerbrochenen Beziehung zum Schöpfer hinein in ein neues Leben und Sein. Dieses neue Sein umfasst die Berufung, Jesus ähnlicher zu werden (Röm. 8,9), seinen Auftrag fortzuführen (Mt. 28, 18-20) und Frucht zu bringen (Joh. 15,16). Es ist eine Berufung zu einem neuen Lebensstil (Röm. 12,2).

Bereits in der Alten Kirche verengte sich diese Bedeutung von Berufung. Im Zuge der Einführung des Christentums als Volksreligion ging das Bewusstsein für die ganz persönliche Berufung zum Heil und in die Lebensgemeinschaft mit Jesus verloren. Unter Berufung verstand man mehr und mehr die *besondere* Berufung in den geistlichen Stand des Mönchtums. So gab es die berufenen „Geistlichen" und das unberufene „allgemeine Laienvolk", das lediglich die zehn Gebote zu beachten hatte.

Luther protestierte gegen diese Unterscheidung eines Zwei-Klassen-Christentums. Nach ihm erfuhr jeder Christ von Gott eine doppelte Berufung. Die Berufung zum Heil und die Berufung zum „Welthandel" im irdischen Beruf. Für Luther findet die Berufung zum Glauben an Christus ihr Wirkungsfeld im Rahmen von Ehe, Familie, Arbeit, Obrigkeit, etc. Diese Sicht bewirkte zwei bedeutende Konsequenzen. Zum einen wurde der normale bürgerliche Beruf aufgewertet. Die christliche Berufung wurde für Beruf und Alltag fruchtbar gemacht.

Zum anderen bewirkte die Einschrumpfung der christlichen Berufung auf eine „bürgerliche Berufspflicht" Verschlossenheit gegenüber den Gedanken eines Berufswechsel und „vollzeitlichen" Dienstes in der Gemeinde oder Mission. Man wollte nichts mehr wissen von einem Herausgerufen-Werden aus vorhandenen Verhältnissen um eines göttlichen Auftrages willen. So konnte man sich nicht vorstellen, dass man den Beruf, wie Paulus mit seinem Zelthandwerk, lediglich als Gelderwerb ansah, um frei zu sein, Menschen für Christus zu gewinnen und Gemeinde zu bauen. Mit der Beseitigung des geistlichen Standes, des Klerus, wurde der missionarische Arm der Kirche abgetrennt.

In der Neuzeit geriet das reformatorische Ringen um den Berufungsbegriff auf Grund der ganz anderen Voraussetzungen der Aufklärung in Vergessenheit. Grundlage allen Denkens und Handelns der Aufklärung, als auch des Neuprotestantismus des 19. Jahrhunderts war die Vernunft und die freie Selbstbestimmung des Menschen.

Karl Barth, ein Theologe des 20. Jahrhunderts, kritisiert, dass in der reformatorischen Tradition der Beruf in der Frage nach der Berufung eine übermächtige Stellung einnehme.

Erkennen Sie die verschiedenen Deutungen von Berufung? Berufung als Ruf in einen besonderen geistlichen Stand, Berufung als Dienst oder Beruf, Berufung als etwas, das man selber bestimmt ...

Dieser kleine auszugsweise Überblick zeigt auch, dass in der Kirchengeschichte sich die Diskussion um Berufung zunehmend auf die Frage nach den richtigen Aktionsfeldern beschränkte. Berufung wurde eine Frage nach den richtigen Tätigkeiten, nach dem richtigen Tun. Der neutestamentliche Aspekt, dass Christus uns Menschen in eine neue Beziehung und Gemeinschaft zu sich und Gott, dem Vater, ruft, in ein neues Sein, ging weitgehend verloren.

Welche Deutung erfährt Berufung heute?

Obwohl wir eine säkulare Gesellschaft sind, ist dieser Begriff nicht mehr den christlichen Kreisen vorbehalten. Er erlebt gerade eine Renaissance. Die Postmoderne wirft mit ihrer Sehnsucht nach Echtheit und Authentizität, mit ihrer Suche nach Lebenssinn und Bedeutung neu die Frage nach der Berufung jedes Einzelnen auf. Dabei lautet die Fragestellung nicht mehr: „Wer bin ich?", sondern: „Wer will ich sein?" Als postmoderne Menschen müssen wir entscheiden, wie wir leben wollen. Die zentrale Herausforderung des postmodernen Menschen ist es, eine Vision für sein Leben zu finden.

Diese Vision sucht er. Was möchte ich mit meinem Leben anfangen und bewirken? Und da postmoderne Menschen eine Ahnung und ein Gespür für die geistliche und transzendente Dimension des Lebens haben, weil Spiritualität und Rationalität keine Gegensätze mehr sind, weil sie die tiefe Sehnsucht haben, ganzheitlich zu leben, deswegen suchen sie ihre Berufung als etwas Natürliches und Heilsames. Manche empfinden Berufung als „Flow". Sie ist nur noch da, wo etwas ganz natürlich von ihnen zu anderen fließt. Ein verständlicher Wunsch, den ich als Pendelausschlag in die andere Richtung verstehe, wenn man bedenkt, wie lange Berufung als Dienst und Aufgabe begriffen wurde, über die man sich definierte.

Der postmoderne Mensch lehnt …-ismen und theoretische Lehre ab. Aber er ist hungrig nach Weisheit, nach Lebenserfahrungen, nach Antworten auf spezifische Fragen der Lebensgestaltung. Entsprechend dem Individualismus, aber auch der großen Toleranz der Postmoderne definieren die Menschen Berufung gemäß ihrer Prägung, Reflexion und Erfahrung.

Sie und ich, wir sind Kinder unserer Zeit. Jede Gesellschaft sieht das, was ihr begegnet und damit auch die Bibel, mit der Brille ihrer Zeit. Das hat nicht nur Nachteile, sondern auch Vorteile. Vor allem hilft es verstehen, dass jede Zeit für sie wichtige Berufungsaspekte der Bibel wahrgenommen hat.

Die Sehnsucht unserer Zeit, Berufung wieder als etwas zutiefst Lebensspendendes und Heilsames - für uns und für andere - zu entdecken, ist ein Geschenk. Sie ist Gottes Geschenk an unsere Zeit. Sie ist eine Einladung, ganzheitlich und möglichst umfassend zu verstehen, wozu wir berufen sind. Sie entspringt seiner Sehnsucht, dass wir lebendig sind und das leben und tun, wofür er uns geschaffen hat. Und sie ist seine Hilfestellung, sein Wegweiser, wie wir das Depressionsgefühl, das besonders uns Deutsche gerne prägt, überwinden, ja sogar nutzen können.

Ich lade Sie ein, in diesen und den nächsten Kapiteln die tiefen, heilsamen, herausfordernden und gleichzeitig doch entspannenden Prinzipien zu entdecken, was Berufung bedeutet, wie Gott in sie hineinführt und wie Sie ganz konkret Ihre Berufung entdecken und leben können.

Wie definiere und gebrauche ich das Wort „Berufung"?

Berufung ist ...
... das, wozu ich geschaffen bin.
... das, was mein ganz spezieller Auftrag ist.
... das, wozu Gott mich gerufen hat, zu leben und zu tun.

Berufung geschieht durch außen von Gott. Ich kann mich nicht selbst berufen. Aber ich kann die Berufung annehmen oder ablehnen.

Nach dem, was ich durch die Bibel und im intensiven Leben und Auseinandersetzen mit diesem Thema über „Berufung" gelernt habe, fülle ich das Wort Berufung mit zwei „Berufungen".

BERUFUNG

„Grundberufungen"

Spezieller Ruf / Auftrag / Berufung

Unter **„Grundberufungen"** verstehe ich all die Dinge, wozu Gott uns in seinem Wort ruft und beruft, wie z.B. Jesus nachzufolgen, sein Kind zu sein, Gemeinschaft mit ihm zu haben, ... Es sind die Grundberufungen unseres Menschseins und liebevollen „Erdacht- und Geschaffen-Seins" von Gott.

Warum sind diese Grundberufungen so wichtig? Die Bibel sagt: „Alles hat Gott durch ihn (Jesus) erschaffen und alles findet in ihm sein letztes Ziel" (Kol. 1,16b GN) „Sie sind von Gott erschaffen und Sie sind für Gott erschaffen. Erst wenn Sie das verstehen, wird Ihr Leben Sinn machen. Nur in Gott finden wir unseren Ursprung, unsere Identität, unseren Sinn, unsere Bedeutung und unser Ziel. Solange wir nur auf uns konzentriert sind, werden wir das Ziel unseres Lebens nie wirklich finden."[1] „Wir haben häufig vergessen, dass es nur einen einzigen Spiegel

1 WARREN, Rick, Leben mit Vision, Gerth Medien GmbH Asslar 2003, S.18

gibt, in dem man wirklich sehen kann, wer man ist, das Angesicht Gottes."[2]

Die Überzeugung eines **speziellen Rufes / Auftrages / einer Berufung** gründet auf dreierlei Beobachtungen: Zum einen beschreibt die Bibel, dass jeder Mensch ein einzigartiger Gedanke Gottes ist. „Du hast mich geschaffen – meinen Körper und meine Seele, im Leib meiner Mutter hast du mich gebildet. Herr, ich danke dir dafür, dass du mich so wunderbar und einzigartig gemacht hast." (Psalm 139,13-14a Hfa)

Diese Einzigartigkeit zeigt sich in unserer Herkunft, unserer ganz persönlichen Lebensgeschichte und unserer einmaligen Kombination von Gaben, Talenten und Fähigkeiten. Sie spiegelt sich wider in dem, wofür wir uns begeistern und kämpfen, und in dem, was an Werten und Aussagen Gottes sich in uns eingewurzelt hat.

Diese Einzigartigkeit, die sich von den Genen bis ins Erscheinungsbild und dem ganzen Wesen eines Menschen zeigt, beinhaltet auch eine einmalige Berufung.

Diese einmaligen Berufungen können wir in der Bibel und in der Geschichte wahrnehmen: Sie ist voll von Menschen, die von Gott einen einzigartigen und klaren Lebensauftrag erhielten, erkannten und lebten. Woher hatten sie ihre Klarheit?

Um die spezielle Berufung zu erkennen und in sie hineinzufinden, ist es wichtig, vier Fragen beantworten zu können:

1. Wer bin ich?
2. Zu welchen Leuten sendet mich Gott?
3. Was ist meine Botschaft? Das bedeutet: Woran glaube ich zutiefst, dass es wahr ist über Gott? Was soll ich wie mit meinem Leben bezeugen? Dies betrifft mein Sein und Tun.
4. Wohin bewege ich mich? Dies ist eine Frage unserer Vision, bzw. Gottes Vision für unser Leben.

---

2 WAGNER, Karsten, Berufung – Gottes Weg erkennen und gehen, Ignis-Edition 1999, S. 27

Gut veranschaulichen lässt sich dieses Berufungsverständnis mit folgendem Bild:

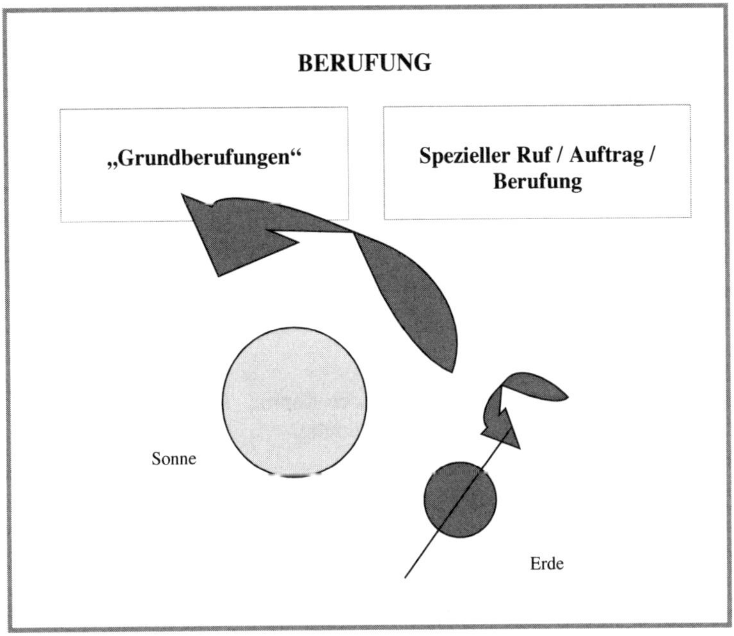

Wir Menschen haben eigentlich die gleiche Aufgabe bzw. Berufung wie die Erde. Die Erde dreht sich um die Sonne und sie dreht sich um die eigene Achse. Genauso ist es wichtig, dass wir Menschen uns um Gott drehen (hier finden wir unsere „Grundberufungen“), aber auch um uns selber in dem Sinn, dass wir uns besser kennen lernen (Wissen und Leben der speziellen Berufung). Das beständige Kreisen um beide Pole ist wichtig. Sonst geraten wir Menschen aus unserer Bahn. Dieses Bild ist Leitbild dieses Berufungsbuches.

Reisetagebuch:

Liebe Leserin, lieber Leser,
ich möchte Sie einladen Ihr bisheriges Berufungsverständnis zu reflektieren.

Wie denken Sie jetzt über Ihr bisheriges Berufungsverständnis?

Was wurde Ihnen in diesem Kapitel „Ihre Berufung beinhaltet Ihr Sein und Tun" wichtig?

Welche Auswirkung hat dies für Ihre Fragen hinsichtlich Finden und Leben Ihrer Berufung?

1.2 Ihre Berufung liegt in Gott

Die Vollmacht, Ihre Berufung zu leben, liegt in Ihrer Abhängigkeit von Gott.

Die wichtigste Grundlage für die Entdeckung Ihrer Berufung ist, dass Sie verstehen, dass Ihre Berufung in Gott liegt.

Was meine ich damit, dass Ihre Berufung in Gott liegt? Erinnern Sie sich an das Leitbild für Berufung? Wie die Erde sich um zwei Pole dreht, nämlich um die Sonne und um die eigene Achse, so ist es auch Ihre Bestimmung, zwei Pole zu umwandern: Gott und Sie selbst; Letzteres in dem Sinn, dass Sie sich immer besser kennen lernen.

Gott hat Sie geschaffen, damit er Sie lieben kann und mit Ihnen Beziehung haben kann. Er hat Sie geschaffen, damit Sie ihn besser kennen lernen und um ihn kreisen. Sie sind von ihm geschaffen und für ihn geschaffen. Er ist das Zentrum Ihrer Berufung. Er freut sich an Ihnen und Sie sollen etwas von seiner Herrlichkeit widerspiegeln. Weil er Sie sich ausgedacht hat von Ihrer Haarfarbe bis zu Ihrer Art, wie Sie denken und empfinden, kann nur er Ihnen zeigen, wer Sie sind und wozu Sie hier auf der Welt sind.

Gott hat Sie aus einem ganz bestimmten Grund geschaffen. Und diesen Grund erfahren Sie in seiner Vollständigkeit nur von ihm. Denn er ist derjenige, der Sie zu Ihrem Sein ruft und beauftragt.

Dieses Verstehen, dass Ihre Berufung von Gott kommt und in Gott liegt, ist das Fundament für die Entdeckung Ihrer Berufung.

Dieses Fundament ist wie ein solider Unterbau, der nicht wankt, egal welche Unwetter darüber hinweg ziehen und ob oben etwas einstürzt oder beschädigt wird. Gleichzeitig ist dieses Verstehen wie das kleine Einmaleins des Bauwesens. Es weist Sie ein in die Grundkenntnisse von Bau und Statik Ihrer Lebensberufung. Es hilft Ihnen, unnötige Fehler zu vermeiden.

Das Wissen, dass Ihre Berufung in Gott liegt, vermittelt Ihnen folgende erforderlichen Grundkenntnisse:

▶ *Ihre Berufungsfindung darf Ihnen nicht wichtiger werden als Ihre Beziehung zu Gott.*

Die Frage, was Gottes Vision für mein Leben ist, darf mir nicht den Blick zu Gott selbst verstellen. Sie darf nicht wichtiger sein als er. Im Bild gesprochen würden Sie sonst anfangen, nur noch um sich selbst zu kreisen.

▶ *Dieses Verständnis führt in eine Haltung des Fragens.*

„Gott, was bedeutet es, dass meine Berufung in dir liegt?“ Offenheit und echte Fragen sind die Basis für eine gute Beziehung. Sie bewahren vor Erstarrung, Festlegung und Gewöhnung. Gott wünscht sich zu Ihnen eine tiefe, lebendige Freundschaft. Die Bibel ist voller Bilder, mit denen er uns erklärt, wozu er uns gerufen hat. Mal nennt er uns Kinder, mal Braut. Schafe, Krieger, Salz, Licht, Gefäß ... sind weitere Veranschaulichungen. Sie alle geben Aspekte unserer Berufung wieder. Gott wird Ihnen immer wieder neu zeigen, was Sie gerade leben sollen und wie Ihr Leben gelingt.

▶ *Mit der Berufung bekommen Sie von Gott die Befähigung, Ihre Mission zu leben.*

Ihre Berufung passt perfekt zu Ihnen! In der Schöpfung sehen wir, dass jedes Tier einzigartig und perfekt auf seine Umgebung zugeschnitten ist. Die Antilope muss nicht klettern, der Koalabär nicht schwimmen. Gottes Berufung beinhaltet auch alle Befähigung und alle Macht und Autorität, sie zu leben. Denn Gottes Reden ist ein schöpferisches Reden. Die Bibel bezeugt: „Wenn er spricht, so geschieht´s; wenn er gebietet, so steht´s da.“ (Ps 33,9)

Als Gott Sie schuf und berief, hat er Sie auch ausgerüstet, Ihre Mission zu leben. Und Sie werden dies erleben, wenn Sie ihm vertrauen. Denn was Gott sagt, tut er. Ihre Gaben mögen verschüttet oder nicht so entwickelt sein. Verletzungen und negative Erfahrungen, falsche Selbsteinschätzung oder Fremdeinschätzung mögen Sie abhalten, das zu leben, was Ihr Herz sich ganz tief innen wünscht. Doch das Erbmaterial, die DNS Ihrer Berufung, ist vorhanden. Und Gott sehnt sich danach, Ihre Berufung trotz Hindernissen oder Blockaden, trotz Fehlentwicklungen oder Unterentwicklung zur Entfaltung zu bringen.

Gott möchte unsere Gaben und Fähigkeiten freisetzen. Auch wenn das uns Menschen erst mal unmöglich erscheint. Jesus sagt: „Wenn euer Vertrauen auch nur so groß ist wie ein Senfkorn, dann könnt ihr zu dem Berg da sagen: Geh von hier nach dort, und er wird es auch tun. Dann wird euch nichts mehr unmöglich sein.“ (Mt. 17,20 GN) Gott hat Sie für Ihre Berufung ausgerüstet und er will Sie befähigen, sie mit seiner Hilfe zu leben.

▶ *Die Abhängigkeit von Gott bewahrt Sie vor einem Scheitern Ihrer Mission.*

Die Vollmacht und Befähigung, Ihre Berufung zu leben, liegt in Ihrer Abhängigkeit von Gott. Jesus wusste, dass das Geheimnis seiner Vollmacht in seiner Verbindung zu Gott, seinem Vater, lag. Er gibt seinen Jüngern Einblick in dieses Geheimnis: er tue das, was er den Vater tun sieht. Nicht mehr und nicht weniger. Er erklärt ihnen, dass sein Vater ihn liebt und ihm zeigt, was er gerade tut und tun möchte (Joh. 5,19-20). Ich verstehe diese Worte so, dass die Verbindung von Jesus zu Gott so nah und vertraut war, dass Jesus in den Situationen seines Alltages spürte, was seinem Vater gerade am Herzen lag. Jesus vertraute Gott, seinem Vater, völlig. Er wusste, dass er aus eigener Kraft heraus nichts tun konnte. Und er wollte auch nichts aus eigenem Bestreben heraus tun. Er hatte nur einen Wunsch: die Absichten seines Vaters auszuführen. Das gab ihm Kraft (Joh. 4,31-34).

Das Gleiche gilt auch für seine Nachfolger. Mit dem Bild eines Weinstockes versucht Jesus dieses Geheimnis der Vollmacht zu verdeutlichen: „Ich bin der Weinstock, und ihr seid die Reben.

Wer mit mir verbunden bleibt, so wie ich mit ihm, der bringt viel Frucht. Denn ohne mich könnt ihr nichts ausrichten.“ (Joh 5,15)

Reisetagebuch:

Liebe Leserin, lieber Leser,
ich möchte Sie einladen, innezuhalten und mit Gott und Freunden ins Gespräch zu kommen.

Welche Gedanken oder Fragen bewegen Sie nach dem Lesen dieses Kapitels?

Was machte Gott Ihnen für Ihren persönlichen Berufungsprozess wichtig?

Wie möchten Sie diese Gedanken praktisch in Ihrem Alltag verankern und umsetzen?

1.3 Ihre Berufung zur Kindschaft

Gott geht es in erster Linie nicht um Ihre Berufung, sondern in erster Linie geht es ihm um Sie selbst. Es geht ihm darum, Sie zu lieben.

Susanne ist ein so genanntes „stilles Wasser". Die sind bekanntlich tief. Kommt man mit ihr näher in Kontakt, begegnet man einer warmherzigen Frau, die ihr Gegenüber ernst nimmt und ihm mit Verstehen und gesundem Hinterfragen begegnet. Ich fühle mich in ihrer Gegenwart wohl. Wenn sie spricht, redet ihr ganzer Körper. Doch am meisten beeindruckt mich das tiefe Ruhen in Gott, das sie verbreitet. Sie verbreitet eine Atmosphäre des „Ja". Es ist ein Ja zu ihren Schwächen und Grenzen. Ein Ja, dass sie weniger belastbar ist als andere. Es ist ein Ja, inmitten einer leistungsorientierten Gesellschaft zu zeigen und zu leben: „Ich muss nicht leisten, um wertvoll zu sein." Sie schämt sich nicht, ihre „Begrenzung" zu leben. Sie schämt sich nicht zu sagen: „Tut mir leid. Ich bin gerade fertig. Ich brauche einfach Zeit zum Alleinsein."

Was ist ihr Geheimnis? Nun, hinterher sagt sie oft folgende Worte: „Ich hatte meine Mitte verloren. Ich musste einfach mit Gott allein sein und sie wieder finden."

Ich kenne keinen Erwachsenen, der mir so sehr vor Augen führt, wie es aussehen kann, wirklich Kind Gottes zu sein. Sobald sie müde, fertig oder in ihrer Identität erschüttert ist, flüchtet sie sich wie ein Kind zu ihrem himmlischen Vater. Dort bleibt sie so lange auf Gottes Schoss oder in seiner Gegenwart, bis sie wieder seine Bestätigung, seine Wertschätzung und seine Sicht der Dinge getankt hat.

Ich sehe, wie diese Frau wächst. Völlig unspektakulär fließt diese tiefe Bestätigung und Annahme, die sie von Gott erfährt, auf andere über. Und ich spüre eine Unabhängigkeit von Menschen und Umständen, die sie immer mehr zeigen und leben lässt, wer sie wirklich ist.

Eine der tiefsten Grundberufungen, wozu Gott Sie ruft, ist Ihre Berufung zur Kindschaft. „Schon vor Beginn der Welt, von allem Anfang an, hat Gott uns auserwählt. Wir sollten zu ihm gehören, befreit von aller Sünde und Schuld. Ja, seine eigenen Kinder sollten wir werden, durch seinen Sohn Jesus Christus. Das hat Gott schon damals aus Liebe zu uns beschlossen.“ (Eph. 1,4 f)

Reisetagebuch:

Liebe Leserin, lieber Leser,
sicher haben Sie, wenn Sie Christ sind, schon viel über dieses Thema gehört oder gelesen. Doch vor allem haben Sie praktische Erfahrung.

Wie geht es Ihnen damit, Gottes Kind zu sein?

Was hat sich dadurch in Ihrem Leben verändert? Wozu befähigte und befähigt es Sie?

Ich möchte Sie einladen: Machen Sie sich ein paar Notizen. Entdecken Sie, wo Sie in Ihrer Kindschaft stehen, was gewachsen ist und was noch wachsen soll.

Wie würden Sie Ihr momentanes Verhältnis zu Gott beschreiben?

Wie wünschen Sie sich Ihr Verhältnis zu Gott?

Was bedeutet diese Berufung zur Kindschaft?

Hierzu möchte ich Ihnen eine Geschichte erzählen. Es ist die Geschichte vom bettelnden Königssohn.[3]

Es geschah in einem großen Königreich. Lange hatten der König und das Volk sehnlichst auf einen Thronerben gewartet. Nun war es soweit: Fanfarenrufe, königliche Reiter und das Läuten der Kirchenglocken verkündeten überall im Reich: Die Königin hat einen Sohn geboren. Der Thronerbe ist da. Mit Liebe und Sorgfalt wurde der Sohn gehegt und gepflegt. Und in den Augen der Eltern war es das schönste Kind der Welt, auch wenn es ein auffälliges Feuermal am Arm trug.

Eines Tages, es war Winter, begaben sich die königlichen Eltern mit ihrem Kind auf eine Reise. Da geschah das Schreckliche. Der königliche Schlitten kippte im nächtlichen Wald aufgrund einer verborgenen Wurzel in eine große Schneewehe. Die Pferde gingen durch. Es entstand ein schreckliches Durcheinander. Panik und Entsetzen ergriff die Begleiter, als sie den König und seine Gemahlin leblos im Schnee liegen sahen. Man barg sie und brachte sie schnellstens in das nächste Dorf.

Endlich erwachte der König als erster aus seiner Bewusstlosigkeit. „Wie geht es meiner Frau? Wo ist mein Sohn?“ Entsetzt sahen sich die Diener an. Wo war der Sohn? Jeder hatte gedacht, ein anderer hätte den Thronerben geborgen und in die Wärme einer Hütte gebracht. Sofort jagten einige Diener auf Pferden zurück zur Unfallstelle. Mit Fackeln suchten Sie die ganze Gegend ab. Doch das Kind war nicht auffindbar. Die Spuren im Schnee waren so vielfältig und zertrampelt, dass man keine weiteren Hinweise ausfindig machen konnte.

So blieb verborgen, dass eine Horde von Bettlern des Weges gekommen war und ein schreiendes Bündel aus einer Schneewehe gezogen hatte. Als die Bettler die prächtigen Kleider und kostbaren Stoffe des Babys sahen, freuten Sie sich. Sie waren

---

3 Geschichtsmotiv aus: WAGNER, Karsten, Berufung – Gottes Weg erkennen und gehen, Ignis-Edition 1999, S.17f

hungrig und froren. Nun hatten Sie eine Einnahmequelle. Sie verkauften die Kleider des Kindes, das Baby selbst nahmen sie zu sich.

Der König war außer sich vor Sorge und Schmerz um den Verlust seines Sohnes. Er schickte Boten durch das ganze Land und in die Nachbarländer, um das Kind zu suchen. Ja sogar er selbst machte sich auf und zog durch das Land. Verkleidet in Lumpen ging er auf den staubigen Landstraßen umher, um einen Jungen mit einem Feuermal am Arm zu suchen – seinen Sohn.

Jahre vergingen. Das Kind lebte unter den Bettlern. Es wuchs auf in schmutzigen Lumpen und mit Ratten und Flöhen. Es lernte zu betteln, zu lügen, zu betrügen. Und es wurde ein geschickter Dieb. Doch dann geschah das Unheil. Der kleine Dieb wurde gefasst und weil er wiederholt gestohlen hatte, zum Tod durch den Strang verurteilt. Man hatte ihm den Strick schon um den Hals gelegt. Die Trommeln kündigten den Marktteilnehmern das Schauspiel der Hinrichtung an. Vom Klang der Trommeln angezogen lenkten auch einige königliche Boten ihre Pferde auf den Marktplatz und entdeckten den Jungen am Hinrichtungsort. Aufmerksam ließen sie ihre Blicke über das Geschehen schweifen. Und was sie entdeckten, ließ sie ihre Pferde mit lauten Rufen nach vorne durch die Menge preschen. Am Arm des Jungen prangte ein rotes Feuermal. Der Hauptmann und die zwei Soldaten sprangen auf das Podest, befreiten den Jungen. Doch schon waren sie von den Stadtwachen umringt.

Atemlos verfolgte die Menge, was sich auf der Bühne abspielte. So etwas war noch nie vorgekommen. Man sah den Hauptmann im Diskurs mit Richter und Stadträten. Immer wieder sah man die Häupter der Honoratioren verneinend schütteln. Schließlich sahen die Zuschauer, wie der Hauptmann sich an die zwei Soldaten wandte und mit ihnen redete. Nun ergriff er den Arm des Jungen, besah sich noch einmal das Feuermal. Er sagte etwas zu dem Jungen, umarmte ihn und dann ging er zu dem baumelnden Seil.

Der Junge schrie auf, wollte hinterher, doch die zwei Soldaten hielten ihn fest und verstellten ihm den Blick. Im selben Moment legte der Scharfrichter das Seil um den Hals des Hauptmanns. Dann öffnete sich der Boden unter dem Hauptmann.

Die Menge war wie gelähmt: Entsetzen, Staunen, ein Nichtfassen-Können hatte sich ihrer bemächtigt. Hier und dort erhob sich langsam ein Wispern: Er ist für den Jungen gestorben. Dieser Hauptmann hat die Schuld für den Jungen gebüßt. Das ist unglaublich. Wer mag der Junge sein? Wie kann man sein Leben für einen Bettlerjungen opfern?

Der Junge saß vor einem Soldaten auf dem Pferd. Er konnte das, was geschehen war, nicht fassen. Er lebte, doch dafür war jener Hauptmann für ihn gestorben. Und die Botschaft, er sei der verlorene und lang gesuchte Sohn des Königs, konnte er auch nicht glauben. Das musste ein Irrtum sein, ein grausamer Scherz.

Seine Verwirrung wuchs, als er, im Schloss angekommen, vom König und seiner Gemahlin überglücklich in die Arme geschlossen wurde. Hier handelte es sich bestimmt um eine entsetzliche Verwechslung. Und wie konnten sie ihn, den verurteilten Bettlerjungen, aufnehmen, wo sie doch seinetwegen ihren Hauptmann verloren hatten?

Baden, Haare schneiden, neue Kleidung, Essen an einer Tafel, ... wie im Traum ließ er alles über sich ergehen. Doch als er abends endlich allein in seinem Gemach war, wachte er auf. Er musste hier weg und zwar schnellstens. Er sah sich im Raum um, öffnete das Fenster, schwang sich auf das Sims und verschwand. Vorsichtig kletterte er an einer Weinranke hinunter. Endlich hatte er den Boden erreicht, nun musste er nur ... da legte sich ihm eine Hand auf die Schulter und als er sich vorsichtig umblickte, sah er in die mitleidigen Augen eines Wachsoldaten.

Die Zeit, die nun folgte, war hart. Immer und immer wieder mussten der König und die Königin dem ehemaligen Bettlerjungen die Geschichte von seiner Geburt, von seinem besonderen Feuermal und von dem Unfall erzählen. Es fiel ihm schwer zu glauben, dass er der verlorene Sohn war. Doch er sah die Sicherheit und Gewissheit seiner Eltern. Und er spürte ihre tiefe Liebe.

Und immer und immer wieder mussten sie von jenem Hauptmann erzählen, der ihn, seit er als Baby verlorengegangen war, gesucht hatte. Trotzdem zog es ihn zur Freiheit seines Bettlerdaseins zurück, auch wenn es Schmutz, Hunger und Diebstahl bedeutete. Dieses Leben war ihm vertraut. Dort fühlte er sich sicher, kannte alle Tricks ...

Der König und die Königin bemerkten, wie ihr Sohn zwischen der neuen und der alten Existenz schwankte. Und so schwer es den königlichen Eltern auch fiel, sie stellten es ihm frei zu gehen oder bei ihnen zu bleiben. Da begriff der ehemalige Bettlerjunge, wie sehr sie ihn lieben mussten. Sie zwangen ihn nicht zu seinem Glück. Sie zwangen ihn nicht, die Sohnschaft zu akzeptieren, obwohl das besondere Feuermal jeden Zweifel ausschloss. Sie bedrängten ihn nicht, ihre Liebe zu erwidern. Ja sie gaben sogar ihr Recht auf zu verlangen, dass ihr Sohn bei ihnen aufwuchs.

Zudem begriff er: Wenn er gehen würde, wäre der Hauptmann umsonst für ihn gestorben.

Langsam aber sicher wuchs in ihm der Entschluss zu bleiben und das, wovon alle anderen überzeugt waren, zu glauben: er war der verloren gegangene Sohn. Noch immer war er voller Misstrauen gegenüber Menschen, ja sogar gegenüber seinen Eltern.

Es fiel ihm schwer zu glauben, dass andere es gut mit ihm meinten. Es dauerte Wochen, Monate und Jahre, alte Gewohnheiten und Denkweisen aus seinem Bettlerleben abzulegen. Er musste lernen, sich nicht selbst zu bestehlen, seine Abneigung gegen die Badewanne zu überwinden, und er musste viele neue Fähigkeiten und Kenntnisse erwerben. Doch er hatte liebevolle Begleiter auf diesem Weg. Sein Vater und die königlichen Diener wollten nur eines: ihm helfen, der zu werden, der er wirklich war: Sohn des Königs, Thronerbe und zukünftiger Regent des Landes.

Mit Hilfe der Geschichte können Sie vielleicht Folgendes über Ihre Berufung zur Kindschaft besser verstehen:

So wie der Bettlerjunge der verloren gegangene Sohn und

Erbe des Königs ist, so sind Sie das verloren gegangene Kind Ihres königlichen Vaters im Himmel. Und wie der unter Bettlern aufgewachsene Thronerbe vor der Herausforderung stand, seine Sohnschaft anzunehmen und in seine Berufung als Thronerbe und zukünftiger Regent hineinzuwachsen, so stehen Sie vor der gleichen Möglichkeit, Ihre Kindschaft bei Gott anzunehmen und in Ihre Berufung und Vollmacht als Gottes geliebte Tochter und Gottes geliebter Sohn hineinzuwachsen.

Je mehr Sie in diese Grundberufung hineinwachsen, desto mehr werden Sie auch die Herausforderungen Ihrer persönlichen Berufung mit Entschlossenheit und tiefer Gelassenheit leben können.

Haben Sie sich schon einmal gefragt, wie Jesus den Widerstand, die Ablehnung und die Missdeutung seiner Berufung, der Messias zu sein, aushalten konnte? Lesen Sie einmal das Markusevangelium unter dem Aspekt: Wie lebt Jesus seine Berufung und was er erfährt er dabei?

Neben allem Lehren, Heilen, Reisen war er fast ständig dabei, sich gegen die Wünsche und Erwartungen anderer, der Jünger, der Volksmassen, der religiösen Führer abzugrenzen. Und immer tat er das, indem er klipp und klar sagte, was sein Auftrag war. Meist hatte er sich davor zurückgezogen und eine Nacht im Gespräch mit seinem Vater verbracht.

Was half ihm später, sein Leiden, diese unerträglichen Schmerzen, die Ohmmacht, den Spott, die Verlassenheit auszuhalten? Jesus wusste, wer er war: Gottes geliebter Sohn. Und er wusste, was sein Auftrag war, den Menschen den himmlischen Vater zu zeigen und sie zurück in sein Reich zu bringen.

In Ihrer Berufung werden Sie sich dann entfalten und aufblühen, wenn Sie dies zutiefst begreifen und wissen: Ich bin Gottes geliebte Tochter, ich bin Gottes geliebter Sohn. Ich brauche mich nicht zu verstecken. Ich darf zeigen, wer ich bin und leben und tun, was Gott mir aufträgt. Ich brauche keine Angst haben, abgelehnt zu werden. Das, was Gott über mich denkt, ist entscheidend und wichtiger als das, was Menschen über mich denken.

Wir werden uns nur dann in die Welt hinaus wagen und den Mut haben, unsere Einzigartigkeit und Berufung zu leben, wenn wir wie Jesus zutiefst verankert und bestätigt sind und wenn wir die eigentlichen Machtverhältnisse kennen.

Mir gefällt diese Geschichte von dem Königssohn. Denn sie spiegelt etwas wider von dem Zweifel, der Zerrissenheit zwischen alter und neuer Identität und der immer wieder zu treffenden Entscheidung: Wer glaube ich, dass ich bin?

Reisetagebuch:

In welchem Lebensbereich trainiert Gott Sie gerade, sich immer wieder Ihre neue Identität bewusst zu machen und ihr zu vertrauen?

Wie sieht diese Herausforderung aus?

Was sagen Ihre alten Erfahrungen?

Was sagt Ihnen der Heilige Geist?

Mit der Kindschaft möchte Gott Ihre drei tiefsten Bedürfnisse nach Zugehörigkeit, Sicherheit und Annahme stillen.
Wie und wo erleben Sie, dass Gott diese Bedürfnisse stillt?

Bei welchen Ereignissen und in welchen Momenten spüren Sie Gottes Liebe am intensivsten?

1.4 Ihre Berufung ist ein Weg

Jeder Wegabschnitt hat seine eigene Berufung, die in Ihre Lebensberufung eingebettet ist.

Völlig frustriert warf Markus den Stift auf den Schreibtisch. Er stöhnte. Dann blickte er seinem Freund forschend ins Gesicht. „Und du meinst, wir sollen diese Situation noch länger aushalten?“

„Nein, das habe ich nicht gesagt. Ich habe dich gefragt, worin Gott vielleicht dich und Julie durch diese Situation trainieren könnte?“ „Ich weiß es nicht. Und überhaupt, warum stellst du diese Frage?“ „Weil ich dir Mut machen möchte, nicht aufzugeben. Seit ich dich kenne, hast du bei Fragen, wie du deine Berufung leben kannst, Gottes Meinung gesucht und erst dann gehandelt, wenn dir klar war, was Gott von dir möchte oder ob er dir freie Hand gibt. Also: Bist du dir schon sicher, ob du den Job kündigen sollst?“ „Nein, aber die Umstände passen nicht. Sie laugen mich aus.“ „Ich weiß. Und ich wünsche dir von Herzen Arbeitsbedingungen, die besser zu dir und eurer Familiensituation passen. Noch einmal: Was könnte Gott dich durch diese Situation trainieren?“

„Warum sollte Gott mich durch diese ätzende Situation trainieren?“ „Markus, Gott schult uns nicht durch Theorie. Du weist das. Es ist nicht die Sonntagspredigt, die dich wachsen lässt. Das ist hilfreicher Input. Schau dir die Leute in der Bibel an, David, Abraham, Josef – sie alle wuchsen durch die Umstände und Herausforderungen, in die Gott sie stellte. Gott trainiert durch Umstände und unsere Herausforderung liegt darin, uns nicht gegen sie zu wehren, sondern zu entdecken, was wir lernen können.“

Markus seufzte und schloss die Augen, um sich zu konzentrieren. „Okay, zu was fordert Gott mich heraus? Geduld, warten können auf seinen Zeitpunkt und lernen, wie ein Baum in der Wüste meine Wurzeln noch tiefer in Gott zu vergraben, um an Wasser zu kommen.“ „Und was lernst du zusammen mit Julie in dieser Situation?“ Nachdenklich schaut Markus seinen Freund Tom an, dessen Augen wohlwollend auf ihm ruhen. „Wir lernen, aufeinander zu warten. Ich wäre bereit zu handeln. Doch Julie ist noch nicht so weit, meine Ideen mitzutragen.“

Tom nickt. „Ich habe übrigens eine Idee, was dir helfen könnte.“ „Wie lautet die?“, fragt Markus. „Kennst du das Buch ‚Der Werdegang eines Leiters‘ von Dr. J. Robert Clinton? Dieser Clinton ist Professor in den USA. In einer Studie hat er das Leben von über 700 Leitern aus Vergangenheit und Gegenwart untersucht und herausgefunden, dass Leiter, die ein Leben lang wuchsen, von Gott durch fünf bis sechs Phasen geführt wurden. Leiter, die nicht mehr wuchsen, stiegen meist in Phase 3 aus oder ihr Dienst verflachte.“

Markus runzelte die Stirn. „Nun, ich bin kein typischer Leiter. Seit wir die Kinder haben, habe ich mich aus konkreten Diensten oder Ämtern in der Gemeinde zurückgezogen.“ „Stimmt. Doch für Clinton ist ein Leiter nicht jemand, der eine formelle Leitungsposition, einen offiziellen Titel oder eine spezifische Ausbildung hat. Leiter ist man seiner Definition nach dann, wenn Gott einem Verantwortung für eine bestimmte Gruppe von Menschen gegeben hat, wenn man auf sie Einfluss ausübt und seine Fähigkeiten für diese bestimmte Gruppe von Menschen einsetzt. Für welche Menschen und was in dieser Gruppe geschieht, fühlst du dich verantwortlich oder möchtest sie in Gottes Sinn beeinflussen?“

Nachdenklich sagt Markus: „Meine Familie, unser Kollegen-Team, Sven, der Student, dem ich Mentor bin, Ulf und seine Familie, unsere nichtchristlichen Freunde.“

Grinsend sieht Tom Markus an. „Ganz schön viele Leitungsaufgaben. Also Herr Leiter, wie sieht es aus, interessiert dich das Buch?“ Markus steht auf und schlägt seinem Freund auf die Schulter. „Gut, dass du zehn Jahre älter bist. Du bist mir nicht nur Freund, sondern immer wieder auch Mentor. Ich hole mir das Buch morgen.“

Tom steht auf und blickt seinen jüngeren Freund an. „Halt,

warte. Ich habe noch einen Vorschlag. Wenn du wirklich wissen willst, was Gott mit dir vorhat und worin er dich gerade trainiert, dann nimm dir, bevor du das Buch zur Hand nimmst, einen Zettel. Schreibe dir in ein paar Stichpunkten auf, wie du als Christ gewachsen bist. Welche Phasen hast du im Rückblick erlebt? Ich kenne deine Abneigung gegenüber Schemata. Reflektiere zuerst deine eigene Erfahrung. Dann wirst du Clintons Studie und Entdeckungen besser beurteilen können."

Markus stöhnt. „Und du glaubst, ich mache mir diese Arbeit."
Toms Augen funkeln belustigt. „ Wo bleibt dein Sportgeist? Du weißt genau, ohne Arbeit kein Preis. Du willst viel zu sehr wachsen, als dass du es nicht tätest. Jetzt lass uns gehen."

Reisetagebuch:

Dieses Kapitel spricht ein Thema an, das Sie vielleicht schon selber spüren und erleben:
Ihre Berufung ist ein Weg.
Als Jugendlicher haben Sie eine andere Berufung als als junger Erwachsener oder im Alter von vierzig oder sechzig Jahren. Ich möchte Sie einladen:
Blicken Sie zurück und machen Sie sich ein paar Notizen.

Wenn Sie auf Ihren Werdegang als Christ zurückschauen, welche Phasen bzw. Wegabschnitte können Sie entdecken?

Berufungssuche und Berufungsfindung ist immer auch eine Entwicklung

Als Jugendlicher haben Sie eine andere Berufung als als junger Erwachsener oder im Alter von vierzig oder sechzig Jahren. Doch durch alle Lebensstufen hindurch wird es einen roten Faden geben. Eine Hilfe, diesem roten Faden auf die Spur zu kommen, entdeckte Dr. J. Robert Clinton.

Clinton betrachtet in seiner Studie vor allem zwei Entwicklungen: die des Charakters und die des Dienstes. Was hat das nun mit Ihrer Berufung zu tun?

Unter I.1.1 habe ich Berufung als das definiert, wozu Sie geschaffen sind, als das, was Ihr ganz spezieller Auftrag ist, als das, wozu Gott Sie gerufen hat, *es zu leben und zu tun.* Es geht also um das, wer Sie sind, Ihr Sein, als auch um Ihr Tun, Ihren Dienst.

Viele von uns verbinden mit dem Wort „Dienst" eine Aufgabe oder Tätigkeit und je nach Erfahrung löst dieses Wort in uns positive oder negative Emotionen aus. Nicht wenige haben bei ihrem Versuch, Gott und den Menschen zu dienen, sehr schmerzvolle Erfahrungen gemacht. Sie wurden ausgenutzt, sie erlebten Erfolgsdruck, ernteten Ablehnung oder Widerstand oder bekamen den Eindruck, nicht zu genügen. Verletzt und ausgebrannt verließen sie ihren Dienst.

Manchmal war es auch die eigene innere Haltung wie Erfolgsorientierung oder die Suche nach Anerkennung, die ein Scheitern im Dienst verursachte. Um die Entwicklungsphasen nach Clinton zu verstehen, ist es wichtig zu erkennen: Nicht der Dienst ist das Problem. Im Reich Gottes geht es um Dienst. Jesus kam auf diese Erde um zu dienen. Sein Dienst war dienend. (Mt. 20,25-28)

Das Problem liegt darin, was wir aus dem Dienst machen. Schwierig wird es unter anderem dort, wo wir selbst oder andere den Dienst für unseren Erfolg missbrauchen.

Immer mehr in unsere Berufung hineinzufinden, bedeutet auch zu lernen, wie Jesus zu dienen. Dabei geht es nicht in erster Linie um das Tun, sondern um unsere innere Haltung und um die Frage: Wessen Ziele verfolge ich – meine oder Gottes Ziele? Lernen wie Jesus zu dienen, im Charakter und in unserer Haltung Jesus immer ähnlicher zu werden, ist ein Weg. Diese Entwicklung will Clinton aufzeigen: „Ein wirksamer geistlicher Dienst entspringt dem, was man ist, und Gott geht es um unser Wesen. Er formt es.“[4] Das bedeutet, Gott kann am besten durch uns wirken, wenn das, was wir tun, einfach unserem Sein entspringt. Deshalb arbeitet Gott an unserem Charakter, unserer inneren Haltung und Einstellung.

Falls das Wort „Dienst“ in Ihnen Schmerz, Abwehr oder andere negative Gefühle auslöst, möchte ich Sie ermutigen, sich auf den kommenden Seiten immer wieder bewusst zu machen: Dienst meint Ihr Handeln, Ihr Dienen, Ihr Tun, das Ihrem Sein entspringt.

Überblick über die Entwicklungsabschnitte, die Clinton entdeckte:

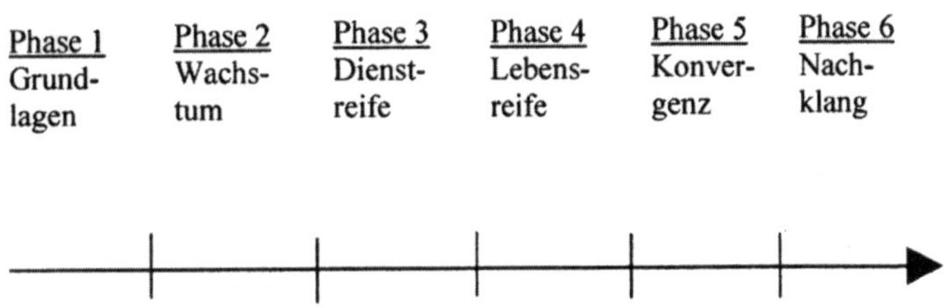

4 CLINTON, J. Robert, Der Werdegang eines Leiters, 1992 deutsche Ausgabe VKG, S. 13

Phase 1: Das göttliche Fundament
Dies ist die Zeit der Kindheit und Jugend, in der der Betroffene selber wenig Einfluss ausübt. Gott bereitet eine Person vor, indem er Grundlagen in ihr Leben einbaut: Charakterzüge und Persönlichkeitsmerkmale. Er wirkt in dieser Phase durch die Familie, die Umwelt und geschichtliche Ereignisse. Positive und negative Erlebnisse müssen hier verarbeitet werden. Fähigkeiten, Stärken, Interessen werden entdeckt, gefördert und trainiert.

Phase 2: Das persönliche innere Wachstum
In dieser Phase lernt der Mensch Gott, sein Wesen, sein Wort, die Bibel und das, was Gott wichtig ist, besser kennen. Meist geschieht das durch irgendeine Art von Schulung, oft formlos und in Verbindung mit einem Dienst. Dieser Dienst ist meist eine klar umrissene Aufgabe, die im Kontext einer örtlichen Gemeinde oder christlichen Organisation stattfindet. Man lernt durch Nachahmung und wird im Allgemeinen formlos ausgebildet und gefördert. So sammelt man Erfahrungen und gewinnt Erkenntnisse. Der Einsatz lässt Begabungen und Charakter sichtbar werden.

Das eigentliche Schulungsprogramm findet jedoch im Herzen des Menschen statt. Es ist eine Zeit, in der er lernt, auf Gott zu hören und eine enge Beziehung zu ihm zu pflegen. Und es ist eine Zeit, in der Gott sein Vertrauen herausfordert, seine Überzeugungen prüft und seinen Charakter schult. Dabei geht es in erster Linie darum, erkannte Wahrheiten im Leben anzuwenden und umzusetzen. Gehorsam und Integrität sind die Trainings- und Wachstumsziele Gottes in dieser Phase.

Phase 3: Die Dienstreifung
War vorher der Dienst für den angehenden Leiter nur ein kleiner Teil des Lebens, so rückt nun der Dienst für ihn immer mehr in den Mittelpunkt. Der angehende Leiter hat nun das Bedürfnis, von dem Vielen, was er in den Phasen zuvor empfangen hat, etwas weiterzugeben. Immer häufiger stellt er sich mit seinen

Gaben und Kräften anderen zur Verfügung. Bei dieser Tätigkeit, bzw. bei dem, was er hier lebt, kann es sich schon um die von Gott gegebene Aufgabe handeln, die das ganze Leben bestimmt, aber auch um Dienste, die darauf hinführen. Der Anstoß, dies zu leben, kann von außen oder auch von ihm selber gekommen sein.

Gott verfolgt zunächst zwei Ziele in dieser Phase:

- Vertieftes Kennenlernen und Entfaltung der eigenen Gaben und Fähigkeiten
- Tiefere Erkenntnis des Leibes Christi einschließlich eines Beziehungstrainings

Meist ist der angehende Leiter am Anfang begeistert von seinem Dienst. Er hat nur den Dienst im Blick. Für ihn ist es wichtig, Erfolg zu haben. Und so bewertet er seinen Dienst ständig nach seiner Produktivität und Aktivität. Die Folge ist oft Frustration. Er hat noch nicht gelernt, dass Gott kein Interesse an dieser Art von Wirksamkeit und Gelingen hat.

Das Hauptziel Gottes in diesem Entwicklungsabschnitt ist:

- Er möchte an uns selber wirken, an unserem Sein, an unserem Charakter. Er schaut weniger auf den Dienst und den Erfolg. Er möchte, dass wir Jesus ähnlicher werden. Das bedeutet, dass er Prozesse auslöst, durch die er uns verändert und wachsen lässt. (Mehr über diese Prozesse und ihre Auslöser erfahren Sie unter II.1.2) Gott möchte uns beibringen, dass wir aus unserem Sein heraus den Dienst tun sollen. Gott wirkt in dieser Phase der Dienstreifung also hauptsächlich in uns selbst und nicht durch uns.
- Ein weiterer Punkt, den er uns beibringt ist, dass wir in erster Linie nicht anderen, also dem Arbeitgeber, der Familie, den Freunden, ... dienen. Sondern wir lernen, dass wir bei dem, was wir tun und wie wir uns gegenüber den anderen verhalten, Gott verantwortlich sind. Vorbild dafür ist Jesus. Er diente aus

Liebe und selbstloser Hingabe und nicht, weil es ihm Vorteile brachte.

▶ Unter anderem sind wir herausgefordert in vier Vollmachts- bzw. Autoritätsbereiche hinein zu wachsen. Dies bedeutet im Bild gesprochen, dass wir als königliche Kinder und Erben lernen, unsere Autorität und Vollmacht in Anspruch zu nehmen. Dazu gehören:
die *Gabenvollmacht* (Freiheit, die von Gott geschenkten Gaben und Fähigkeiten für andere so einzusetzen, dass sie ihnen und Gottes Absichten dienen)
die *Gebetsvollmacht* (die Befugnis, Gottes Nähe zu suchen, dadurch selbst verändert zu werden, aber auch durch die eigene Fürsprache Leben zu schaffen und zu verändern)
das *vollmächtige Auftreten gegenüber negativen Mächten* (die Ermächtigung, in Jesu Namen negative Mächte zurückzuweisen)
und die *Netzwerkvollmacht* (die Fähigkeit, sich mit anderen Gliedern im Leib Christi zu verknüpfen und zu ergänzen).

Phase 4: Die Lebensreifung

Diese Lebensreifung kommt nicht leicht zustande. Sie fordert Zeit, Erfahrung und wiederholte Reifevorgänge. Die Reifung erfolgt durch schwierige Prozesse in dieser Phase. Solche Prozesse sind vor allem Isolation, Konflikte, Lebenskrisen (siehe II.1.2).

Gott veranlasst diese intensiven Stresssituationen, um die Aufmerksamkeit des Leiters zu erlangen. Er motiviert ihn so, über seinen Dienst, sein Leben und die eigentliche Realität nachzudenken.

Er will diese schwierigen und oft schmerzvollen Prozesse gebrauchen, um Bereiche im Charakter aufzuzeigen, die der Veränderung bedürfen, um Stärken deutlich zu machen oder zu bestätigen und vor allem, um das Vertrauen zu ihm zu stärken. Erkennt dies ein Leiter, akzeptiert er die Wachstumsmaßnahme (die schwierige Prozess-Situation) und versucht, das zu lernen, was ihm Gott beibringen möchte. Das Ergebnis ist ein gereifter Charakter und eine tiefe Gotteserfahrung. Und das vertieft die Fähigkeit, andere zu leiten.

So ist nun die Zeit gekommen, dass man mehr und mehr ein Gespür für Gottes Prioritäten entwickelt. Dies führt zu einer „reifen Fruchtbarkeit". Dieser Begriff aus dem natürlichen, wachstumsmäßigen Leben weist darauf hin, dass Reife und Erfolg aus Gottes Sicht nicht etwas ist, was man durch eigene Anstrengung produziert. Frucht ist schlichtweg das Ergebnis einer Verbindung zum lebensspendenden Baum oder Boden.

So sind Wirksamkeit, Gelingen und Vollendung unseres Lebens schlichtweg die Auswirkungen unserer Verbindung zu Gott. In dieser Lebensphase dient man nun mehr aus dem Sein, mit einem besonnenem und reifen Charakter. Von daher ist auch die Verbindung mit Gott, die Beziehung mit ihm wichtiger als der direkte Dienst.

Phase 5: Konzentration und Freisetzung

Nun beginnt ein Lebensabschnitt, in dem man frei ist von Aufgaben und Tätigkeiten, die nicht den eigenen Gaben entsprechen. Der Dienst ist gekennzeichnet von Vertrauen, Ruhe und Abwarten. Es ist ein Dienst, in dem alles Bisherige zum Tragen kommt.

Viele entwickeln hier eine „Dienstphilosophie". Das heißt, sie bündeln ihre bisherigen wichtigsten Werte, Erkenntnisse und Lernerfahrungen als inneres und äußeres Leitbild. Manche entdecken schon in den vorherigen Phasen, wie hilfreich ein inneres und äußeres Leitbild ist. Solch ein Leitbild kann die Entwicklung eines Mission Statements sein, wie sie Mirjam in Teil II dieses Buches erfährt. Wichtig ist, dass dieses Leitbild nichts Statisches ist, sondern etwas Dynamisches, worin man immer wieder die Entwicklung Gottes mit einem festhält und reflektiert.

In dieser Phase ist nicht nur die eigene Lebensberufung freigesetzt. Man setzt auch andere frei und fördert sie. Man unterstützt sie, in ihren Fähigkeiten und Aufgaben zu wachsen und tiefer in ihre Berufung hineinzufinden. Der eigene Lerneifer und Wunsch zu wachsen und zu reifen ist weiterhin lebendig und aktiv.

Phase 6: Nachklang, Nachfeier
Dr. Clinton zeigt auf, dass oft erst in dieser Phase Anerkennung und indirekter Einfluss auf breiter Ebene stattfindet. Dies erleben nur wenige Personen zu Lebzeiten. Meist sind sie schon gestorben, wenn sich die Frucht ihres Lebens und Wirkens für andere sichtbar macht.

Ich würde diese Zeitspanne mit folgenden Worten beschreiben: Erst mit dem Abstand wird die Schönheit und Bedeutung der Lebensspur sichtbar, die jemand hinterlässt. Oft entfaltet sich erst dann für die Mitmenschen das Lebenspanorama des anderen. Und die folgende Zeit bringt die Früchte dessen hervor, was er mit seinem Leben säte.

Wenden wir diese Phasen auf das Leben von Simon Petrus, einem Jünger Jesu, an, sieht das ungefähr so aus:

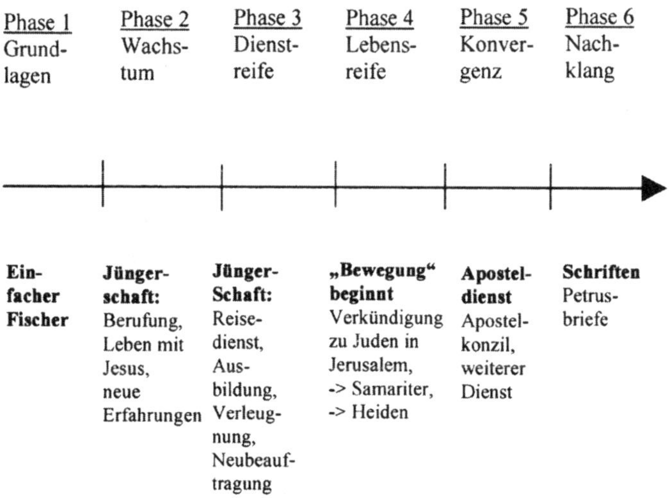

Jesus fasste die Lebensberufung des Fischers Simon mit einem neuen Namen zusammen: „Du bist Petrus [im Griechischen bedeutet *petros* Fels], und auf diesen Felsen will ich meine Gemeinde bauen.“(Mt. 16,18)

Der mutige Fischer Simon, der sich jedoch leicht überschätzte, sollte eine der tragenden Säulen der Gemeinde werden. Diese Berufung zieht sich wie ein roter Faden durch sein Leben. Und aus dem Abstand können wir entdecken, wie Gott alle seine Lebensumstände und Erfahrungen für diese Berufung benutzt und Simon Petrus dafür ausbildet.

Noch eine Anmerkung zu Clintons Modell:
Vielleicht hatten Sie beim Lesen der verschiedenen Phasen den Eindruck, sich in mehreren Zeitabschnitten wiederzufinden. Mit diesem Empfinden sind Sie nicht allein. Deshalb ist es hilfreich, diese Phasen nicht statisch und streng nacheinanderfolgend zu sehen. Clintons Modell ist der Versuch, einen dynamischen Prozess sichtbar zu machen, in dem vom Erleben her oft mehrere Dinge gleichzeitig ablaufen.

Ihre Berufung ist ein Weg

Gott hat die verschiedenen Zeiten Ihres Lebens in seiner Hand. Jeder Lebensabschnitt, jede Erfahrung hat ihren Sinn. Und jeder Wegabschnitt hat seine eigene Berufung, die in Ihrer Lebensberufung eingebettet ist.

Dieses Verständnis unterstützt Sie in zweierlei Hinsicht: In Gelassenheit in dem zu leben, wo Sie gerade sind. Es hilft der Ungeduld zu warten, bis etwas vollendet und ausgereift ist. Dieses Verständnis bewahrt Sie aber auch vor Trägheit und Steckenbleiben in einer Lebensphase. Es bringt Sie in eine positive Spannung, weiterzugehen und zu wachsen. Sie sind noch nicht am Ziel.

So ist es bei Ihrer Berufungssuche und Berufungsfindung von Nutzen, dass Sie immer wieder die Augen offen halten, um wahrzunehmen, was Gott gerade in Ihrem Leben tun möchte, was er vorhat und was er gerade auch am Tun ist.

Reisetagebuch:

Vergleichen Sie Clintons Modell mit den Aufzeichnungen Ihrer eigenen Entwicklung.

Was entdecken Sie?

In welche Phase/n nach J. R. Clintons Modell würden Sie sich einordnen?

In welche Phase/n würde Ihr/e beste/r Freund/in Sie einordnen?

1.5 Gott führt in die Berufung

Wenn ich mit Gott meinen Weg suche, muss ich nicht ängstlich fragen: rechts lang oder nach links?

Vor einigen Jahren besuchte ich auf dem Dünenhof in Norddeutschland ein Seminar „Zukunftswerkstatt“. Es war für junge Leute zwischen 18 und 30 Jahren, die mehr herausfinden wollten über Gottes Absichten mit ihrem Leben. Damals lernte ich eine Lektion, die ich nie mehr vergessen habe. Noch heute steht mir das Bild vor Augen, wie Manfred Pagel, der Leiter der Konferenz, das Thema einleitete.

Aufrecht stand er uns zugewandt vor uns. Doch er blickte uns nicht an. In Kopfhöhe, direkt vor seinen Augen hielt er eine Landkarte. Angestrengt studierte er sie. Offensichtlich suchte er dort etwas.

Schließlich sagte er: „Genau diese Haltung nehmen wir oft ein, wenn wir Gott nach seinen Absichten und Plänen fragen. Krampfhaft und verzweifelt halten wir eine Landkarte vor unseren Augen und fragen Gott: Wohin soll ich gehen? Doch vor lauter Landkarte sehen wir Gott nicht, der da steht und sagt: „Hey, nimm doch mal die Karte runter. Sieh mich an. Ich will dich beraten. Ich will dir den Weg zeigen. Ich will dich mit meinen Augen leiten (Ps. 32,8).“

Damals habe ich begriffen, wenn ich mit Gott meinen Weg suche, muss ich nicht ängstlich fragen: rechts lang oder nach links? Wichtig und von Bedeutung ist der Augenkontakt, der Blickkontakt mit ihm. Das heißt, ich muss empfänglich sein für sein „Zeigen“, offen sein für seine Reaktion und sein Handeln.

Gott möchte uns führen. Ja, er liebt es geradezu, mit uns zu kommunizieren. Und er liebt es, mit uns Hand in Hand und Seite an Seite zusammenzuarbeiten.

Gott sehnt sich danach, dass Sie sein Angesicht suchen und ihn immer besser kennen lernen. In dieser wachsenden Vertrauensbeziehung werden Sie erfahren, wie er denkt, was er meint und in welche Richtung er Ihnen einen Wink gibt. Dass Sie dies wahrnehmen können, bewirkt der heilige Geist.

Manchmal lernt man den Anderen besser kennen, wenn er schweigt. Zu Gottes Reden und Führen gehört auch sein Schweigen. Vielleicht kennen Sie Zeiten, in denen Sie den Eindruck haben, Gott schweigt. Sie erleben von Gottes Seite her Funkstille. Mir persönlich half hier ein Satz von Gertrud von Le Fort, diese „Sendepause" Gottes zu begreifen: „Wenn Gott lange schweigt, dann will er reden."

Als ich diese Aussage überdachte, erkannte ich, dass ich manchmal für Gottes Gedanken und Absichten erst wirklich offen wurde, wenn ich seine Stimme eine längere Zeit nicht vernommen hatte. Dann fing ich an, Gott zu fragen: Was ist los? Warum rührst du dich nicht? In mir wuchs wirkliche Aufmerksamkeit und echtes Fragen. Ich hörte auf, um meine Fragen und meine Themen zu kreisen. Ich entdeckte, dass Gott sehr wohl mit mir zu kommunizieren versuchte. Doch für ihn waren ganz andere Themen wichtig.

Sicher gibt es die unterschiedlichsten Gründe, warum Gott schweigt. Ich möchte Ihnen Mut machen, sich dann nicht von ihm zurückzuziehen. Halten Sie den Kontakt. Vertrauen Sie ihm, auch wenn Sie seine Handlungsweise gerade nicht verstehen. Nehmen Sie es als Chance, dass Ihre Beziehung sich vertieft und Ihr Vertrauen zu Gott wächst. Gott verlässt Sie nicht. Er liebt Sie und er will Sie in Ihre Berufung führen. Achten Sie darauf, dass keine Landkarte den Blickkontakt zwischen Gott und Ihnen verhindert.

Wie können Gottes Winke und sein Führen praktisch aussehen?

Hier einige Beispiele: Gott führt in die Berufung durch

▶ *gottgewollte Kontakte*
mit bestimmten Menschen, die zu Schlüsselfiguren für unseren weiteren Weg werden. Oft sind dies Leiter oder Mentoren, die einem neue Sichtweisen oder Möglichkeiten eröffnen. So nimmt z.B. Barnabas den gefürchteten ehemaligen Christenverfolger Paulus unter seine Obhut.

▶ *sein Wort*
Abraham verlässt seine Verwandtschaft und sein Vaterland und wird ein Nomade, weil Gott ihn dazu auffordert (1.Mose 12,1-4). Mose geht zurück nach Ägypten und bewirkt beim Pharao die Freilassung der versklavten Israeliten, weil er von Gott dazu den Auftrag bekommt (2.Mose 3;4). Die Bibel ist voll von Geschichten, die berichten und bezeugen, dass Gott Menschen für bestimmte Aufgaben und Aufträge befähigt und beruft.

▶ *das Grundmuster der „Gabentendenz"*
Menschen tendieren intuitiv dazu, sich für die Dienste zu interessieren, die ihren Gaben bzw. ihrer Berufung entsprechen.

▶ *Literatur*
insbesondere Biografien, die einen ansprechen und durch deren Lebensbeschreibungen man lernt.

▶ *direkte göttliche Bestätigungen*
So bestätigt Gott den Auftrag seines Sohnes bei dessen Taufe durch die Taube und seine Stimme (Mt. 3,16-17)

▶ *das Grundmuster „gleich und gleich gesellt sich gern"*
Berufene fühlen sich automatisch zu Berufenen mit den gleichen Diensten, Gaben oder Berufungen hingezogen.

▶ *doppelte und mehrfache Bestätigungen*
Dies kann in ähnlichen Aufgaben liegen, die einem vor die Füße gelegt werden. So fallen z.B. Josef aus dem Alten Testament immer

wieder Leitungs- und Führungsaufgaben zu. Zuhause bei seinem Vater kontrollierte er in dessen Auftrag seine Brüder. Als Sklave in Ägypten wurde er bald oberster Verwalter des Besitzes seines Herrn. Selbst im Gefängnis nimmt er Dinge in die Hand, indem er freiwillig den anderen Gefangenen dient. Und als er die Träume von zwei wichtigen Amtspersonen des Pharao im Gefängnis deutet, erweist er sich wieder als Entscheidungsträger und Führungskraft.

Eine doppelte oder mehrfache Bestätigung kann aber auch durch außenstehende Personen kommen. So erleben Maria und Josef, als sie Jesus als ihren erstgeborenen Sohn entsprechend dem Brauch als Baby in den Tempel bringen, dass unabhängig voneinander zwei Menschen auf sie zu kommen und bestätigen, dass ihr Sohn der Heiland und Retter Israels ist (Lk. 2,22-39).

Sicherheit entwickeln im Wahrnehmen von Gottes Stimme

Vielleicht sind Ihnen beim Lesen dieser Beispiele Erinnerungen gekommen, wo und wie Sie Gottes Führung in Ihrem Leben erfahren haben. Die nachfolgenden Übungen laden Sie ein, diese Erfahrungen und Erlebnisse wieder lebendig werden zu lassen. Beim Zurückschauen entdecken wir oft Zusammenhänge und Wegweisungen, die wir zum damaligen Zeitpunkt noch nicht sehen konnten. So fördert der auswertende Rückblick Sensibilität und Bewusstsein für Gottes einmalige Weise, uns zu führen.

Jede Beziehung und jede Kommunikation zwischen zwei Menschen ist einmalig. Ebenso ist die Art und Weise, wie sich Gott mit Ihnen verständigt, einzigartig. Das Gespür und die Sicherheit für sein Reden und Führen kann Ihnen niemand anders geben. Doch die Fähigkeit dazu liegt in Ihrem Herzen. Sie ist die natürliche Frucht einer liebevollen, gewachsenen Beziehung.

So wie Sie die Stimme Ihres Mannes, Ihrer Freundin oder Ihres Kindes aus hundert anderen Stimmen heraushören können, so werden Sie darin Sicherheit gewinnen, die Stimme Gottes aus vielen anderen heraus zu vernehmen (Joh. 10,27).

Reisetagebuch:

Liebe Leserin, lieber Leser,
Gott führt in die Berufung. Und er redet. Meistens redet er leise.
Folgende Fragen laden Sie ein, Ihre Erfahrungen und Erlebnisse hinsichtlich Gottes Führung wieder lebendig werden zu lassen.

Wessen Stimme kann sich Gott bedienen, um Sie mit Botschaften bezüglich Ihrer Mission und Berufung zu erreichen?

Erstellen Sie sich eine Tabelle mit den genannten Führungsmöglichkeiten Gottes.
Überlegen Sie zu jedem Wink Ihre Erfahrung. Zum Beispiel:

- Durch welche Kontakte mit anderen Menschen hat Sie Gott geführt?
- In welchen Situationen hat ein Wort aus der Bibel oder ein Liedvers Ihnen den Weg in eine bestimmte Richtung gezeigt?

Vom Umgang mit Zweifel und Unsicherheit

Durch Ihren Rückblick wissen Sie nun, wie und wo Sie Gottes Führung und Reden in Ihrem Leben erlebten. Der Blick in die Vergangenheit gibt Ihnen Sicherheit und Gewissheit. Ganz anders kann es in aktuellen Entscheidungssituationen aussehen, in denen Sie nach Gottes Meinung fragen. Dort können erst mal Zweifel und Unsicherheit Ihre Gefühle und Gedanken bestimmen. Sie bringen Sie dazu, *Wenn und Aber* und *Für und Wider* zu bedenken. Und das ist gut so.

Wie bei vielen Fertigkeiten kommt es auch bei der Fähigkeit, Gott zu hören und seine Führung wahrzunehmen, auf den Umgang mit ihr an. Das bedeutet, dass die Frage nach Gottes Führung oder die Berufung auf seine Führung auch missbraucht werden kann. So kann die Angst, Fehler zu machen, oder eine mangelnde Bereitschaft, Entscheidungen zu treffen und Verantwortung zu übernehmen, zu einem übertriebenen Fragen nach Gottes Führung führen. Man kann auch versuchen, eigene Wünsche als Gottes Absichten zu legalisieren und gutzuheißen.

Zweifel und Unsicherheit verhelfen uns zu einem vorübergehenden Zaudern. Sie lassen uns nach unseren eigentlichen Absichten und Motiven fragen und bringen so wichtige Entscheidungshilfen. Sie veranlassen uns, das, was wir denken oder erkannt haben, noch einmal einem Sicherheits-Check zu unterziehen.

1.6 Über Spiel und Schmerz zum Durchbruch

Wenn Sie in das Land Ihrer Berufung hineinziehen, dann schicken Sie Spiel und Schmerz als Kundschafter voraus.

Dies ist eine herausfordernde Überschrift. Haben Sie schon einmal den Keim eines Kirschkerns beobachtet, der durch die Erde bricht? Ich finde das faszinierend. Unaufhaltsam bahnt sich ein Keim seinen Weg durch die dunkle Erde zum Licht. Obwohl das Erdreich unendlich mehr Gewicht hat als der winzige Trieb, in diesem Keim liegt die Kraft, langsam aber sicher durch die Erde zu dringen. Er wächst am Widerstand und schließlich bricht er an die Oberfläche.

Ihre einzigartige Berufung und Bestimmung ist wie solch ein Keim, der in Ihnen sprosst und seinen Weg ans Licht sucht. Zwei Kräfte helfen Ihnen dabei: der Widerstand des Schmerzes und die Unbekümmertheit und Kraftentfaltung, die im hingegebenen Spielen liegt.

Spiel und Schmerz sind zwei wichtige Verbündete, die Sie darin unterstützen, Ihre Vision und Ihre Bestimmung zu leben. Sie sind wie Scouts, wie Spurenleser, die vorangehen und den Weg erkunden. Diese Kundschafter in Ihnen besitzen wertvolle und unerlässliche Eigenschaften. Sie sind Ihnen besonders dann nützlich, wenn Ihnen innere oder äußere Hindernisse begegnen.

Widerstände und Hürden sind ein Zeichen, dass Sie in Bewegung sind. Wenn Sie beginnen, Gottes Vision in Ihrem Leben umzusetzen, werden Sie zwangsläufig auf Widerstände stoßen. Es ist ein physikalisches Naturgesetz, dass allen sich bewegenden Objekten Widerstand entgegengebracht wird. Nur ein unbewegtes Objekt ist keinem Widerstand ausgesetzt.

Widerstände wollen Sie entmutigen und geben Ihnen Anlass, an Ihrer Berufung und Vision zu zweifeln. Rechnen Sie von daher mit Widerständen und lassen Sie sich nicht durch Desinteresse, Kritik, Spott oder Schwierigkeiten entmutigen. Bleiben Sie am Ball. Lassen Sie nicht zu, dass Sie von Ihrem Weg abgelenkt werden. Dulden Sie nicht, dass diese Widerstände Sie auslaugen oder die Angst vor ihnen Sie lähmt.

Wenn Sie in das Land Ihrer Berufung hineinziehen, dann schicken Sie Spiel und Schmerz als Kundschafter voraus.

Die Fähigkeiten des Kundschafters „Spiel“

Im Spiel wird Ihre Neugier und Erfindungsgabe freigesetzt.

„Spiel“ wird die Räume entdecken, in denen Sie aufblühen und sich entfalten können. Haben Sie schon einmal ein Kind beobachtet, das in sein Spiel vertieft ist? Selbstvergessen gibt es sich einer Sache hin und ist ganz darin versunken.

Ich habe hier immer das Bild der dreijährigen Ruth vor Augen, die völlig fasziniert im Wasser panschte, als die Terrasse von einem Regenguss überflutet war. Sie nahm nichts mehr um sich herum wahr. Da gab es nur noch das Wasser, den glitschigen Boden und ihre Hand, die das Wasser hin- und herbewegte.

Glück empfinden wir dann, wenn wir uns selbst vergessen und uns einer Sache ganz hingeben. Spielen verfolgt keinen Zweck und kein Ziel. Es ist intentionslos. Und gerade dies schafft einen Raum, in dem die Kreativität sich entfaltet und aufblüht.

Im Spiel wird Ihre Neugier und Erfindungsgabe freigesetzt. Spielen kennt keine Angst, Fehler zu machen. Es lebt vom Ausprobieren, von Versuch und Irrtum. Hürden und Hindernisse werden ohne Druck und Anstrengung bewältigt. Wenn Sie spielen, erleben Sie Leichtigkeit, Freude und Hingabe.

Fehler zeigen uns, wie etwas nicht funktioniert. Dieses Wissen ist manchmal genauso wichtig wie die Kenntnis, wie etwas richtig abläuft.

Neues weckt nicht nur unsere Neugier, Spannung und Vorfreude. Das Neue, noch Unbekannte bewirkt auch Gefühle wie Unsicherheit und Angst. So ist es ganz natürlich, Bangigkeit und Unruhe zu empfinden, wenn Sie sich in noch nicht da Gewesenes hinein begeben. Diese Empfindungen können erst recht bei einem so grundlegenden Thema wie Ihrer eigenen Berufung auftauchen.

Vielleicht haben Sie Angst, auf diesem Weg Fehler zu machen. Die Angst vor Fehlern sollte Sie nicht hindern, das zu tun, was Gott Ihnen auf Ihr Herz gelegt hat. Fehler zeigen uns, wie etwas nicht funktioniert. Dieses Wissen ist manchmal genauso wichtig wie die Kenntnis, wie etwas richtig abläuft.

Die Angst an sich ist ein wertvoller Begleiter. Verbünden Sie sich mit ihr. Sie hilft Ihnen, Gefahren abzuwägen und sich notfalls zu schützen. Verbünden heißt aber nicht, dass Sie die Kontrolle und das Sagen bekommt. Sie ist Partner in einem Team von anderen Stimmen, wie Mut, Spiel, Vertrauen. Hier gilt es, aufeinander zu hören, miteinander abzuwägen und dann eine Entscheidung zu treffen.

Unsere Gefühle sind Ausdruck dessen, was wir denken. Sie sind eine Reaktion auf unsere Gedanken, auf Grundüberzeugungen, die wir im Lauf der Jahre gewonnen haben.

Meistens sind wir uns dieser Grundüberzeugungen oder „Glaubenssätze“ gar nicht bewusst. Was wir bemerken oder wahrnehmen, ist unsere Reaktion in bestimmten Situationen, wie Flucht, Vermeidung oder Angriff. Menschen, die sich intensiver mit sich selbst auseinandersetzen, spüren ihre Gefühle, die sie zu diesen Handlungen veranlassen.

Sie gehören zu Gott. Wie ein Kind können Sie Ihren Weg neugierig und spielerisch erkunden. Sie dürfen gestalten, bauen, ausprobieren und Ihre Erfahrungen machen. Kinder, die um die Liebe und das Vertrauen ihres Vaters wissen, gucken nicht ständig zu ihm hin, wenn sie spielen, und fragen sich: Mache ich einen Fehler? Das würde sie in dem blockieren, was sie tun und wollen. Solches Verhalten wäre ein Hindernis für ihr Wachstum.

Auch Sie können nach und nach Überzeugungen und Verhaltensweisen, die nicht der Realität Gottes entsprechen, aufgeben.

Als Gottes Tochter/Sohn dürfen Sie wissen: Wenn Sie in Verbindung mit Ihrem himmlischen Vater bleiben, können Sie sich neugierig wie ein Kind auf den Weg machen, ihn, sein Reich und sich in dieser neuen Umgebung zu erkunden.

Sie können nun Ihre Berufung entdecken. Ihre Berufung ist nichts, was Ihnen übergestülpt wird.

Voller Spannung wartet Gott, was Sie entdecken und ihm berichten. Wenn Sie ängstlich oder mutlos sind, kann es sein, dass er Ihnen Tipps gibt, was er Ihnen zutraut bzw. in Ihnen sieht. Er ermutigt Sie zu erkunden, zu lernen, zu testen. Denn nur was Sie anfassen, können Sie auch begreifen. Und je älter Sie werden, desto mehr wird er Erfahrungen und Erlebnisse zulassen, die auch schmerzhaft sind. Manches auf dieser Welt begreifen wir nur, wenn wir dafür leiden. Er traut es Ihnen zu, sowohl die Blumen als auch die Dornen des Lebens und Ihrer Berufung zu entdecken.

Was immer Sie auch erleben, bleiben Sie mit ihm in Kontakt. Lassen Sie das Gespräch und die Beziehung zu ihm nicht abbrechen oder trüben. Vertrauen Sie seiner Liebe, seiner Weisheit und seiner Führung.

Eine Fähigkeit, die Ihnen zur Verfügung steht, um in Ihre Berufung hineinzufinden, ist also das Spiel. Wenn Sie dem Kind in Ihnen einen Raum eröffnen, wo es nicht beurteilt wird, wird es all seine Neugier, seinen Erfindungsreichtum und seine Lebensenergie entfalten.

Reisetagebuch:

Was würden Sie gerne einmal spielerisch ausprobieren?

Gibt es ein Gefühl, das versucht, Sie daran zu hindern, tiefer in Ihre Berufung hineinzufinden? Wie lautet es?

Welche Gedanken oder welcher „Glaubenssatz" stehen hinter diesem Gefühl?

Welche Gedanken müssten Sie denken, um spielerisch dem Neuen und den Hindernissen Ihres Berufungsweges zu begegnen?

Die Fähigkeiten des Kundschafters „Schmerz“

Nun möchte ich Ihnen noch Ihren zweiten Verbündeten vorstellen, der Ihnen hilft, zu Ihrer Berufung durchzudringen, den Schmerz.

Eine Erfahrung, die uns Menschen miteinander verbindet, ist der Schmerz. Viele Menschen betrachten ihn nur als Feind. Und das ist durchaus berechtigt. Denn Schmerz birgt viele negative Seiten. Es gibt ein Ausmaß an Schmerz, dessen Intensität und Stärke nur noch grausam ist. In ihm ist solch eine Brutalität und zerstörerische negative Gewalt, dass alles danach schreit, ihm Einhalt zu gebieten, ihn zu bekämpfen und zu beseitigen.

Wenn ich nun über die Möglichkeit rede, den Schmerz als Verbündeten kennen zu lernen, meine ich nicht diesen zerstörerischen Schmerz. Ich möchte Ihnen den Aspekt des Schmerzes vorstellen, der in unserem emotionalen Erleben die Funktion eines Wächters und Scouts übernimmt. Denn mit untrüglicher Sicherheit kundschaftet er all das aus, was schmerzt. Er gibt Meldung über alle Orte, die verletzt wurden oder wo Mangel herrscht und Bedürfnisse darauf warten, erfüllt zu werden. Das ist unangenehm, äußerst unangenehm, denn dies tut weh. Es sticht, brennt, bohrt, zieht, und unsere nur natürliche Reaktion ist Flucht, Abwehr oder Angriff.

Wütend, verzweifelt, voller Furcht und manchmal auch resigniert bekämpfen wir ihn. Oder versuchen ihm aus den Weg zu gehen. Wir bauen Schutzwälle, panzern uns mit Rüstungen, legen uns Stacheln zu.

Unsere Kreativität, uns zu schützen und den Schmerz zu meiden, ist schier unerschöpflich. Und doch gehört er unerlässlich zu unserem Leben. Wie die Angst ist er ein Wächter. Seine Signale sind Warnsignale und manchmal auch SOS-Rufe. Er schreit nach Hilfe. Er mobilisiert, um Gefahr abzuwenden, Leben zu erhalten und in Sicherheit zu bringen. Der Schmerz ist ein Rettungssignal. Er will bergen, heraushelfen, Leben erhalten. Er möchte vor Schaden und Verlust bewahren.

Wenn Sie diesen Kundschafter in Ihrem Leben anerkennen und seine Botschaften zulassen und annehmen, wird er Sie unendlich bereichern. Er ist empfindsam und mitfühlend. Er ist aufmerksam, wachsam und weise. Wenn Sie ihn nicht mehr als Feind betrachten, sondern sich ihm als Freund zuwenden, werden Sie feststellen, dass der Schmerz nicht nur einen aufspürenden Charakter hat. Seine Gegenwart bringt auch Tiefgang und Dankbarkeit in Ihr Leben. Seine Anwesenheit bewahrt Sie vor Hochmut und Arroganz.

Doch warum sollten Sie den Schmerz gerade als Scout für Ihre Berufung einsetzen? Wieso eignet er sich dafür, den Weg in Ihre Berufung auszukundschaften?

Die größte Berufung wird da liegen, wo auch der größte Schmerz ist.

Wenn Sie an das denken, was Sie gerne leben möchten, dann können sehr schnell, wie drohende Wolken am Horizont, die „Abers" auftauchen. „Aber ich kann doch nicht. Ich bin da so schwach, ich habe die und die Begrenzung."

Falls Sie Ähnliches erleben, möchte ich Ihnen folgende Erfahrung vieler Menschen vor uns zusprechen: Ihre Berufung setzt sich nicht nur aus Ihren Stärken, Ihren Gaben und Ihren besonderen Fähigkeiten zusammen, sondern sie hat auch immer etwas mit dem Schmerz in Ihrem Leben zu tun. Die größte Berufung wird da liegen, wo auch der größte Schmerz ist.

Da, wo Sie am meisten verletzt worden sind, da, wo Sie die größten Begrenzungen mitbekommen haben, da haben Sie auch am meisten zu sagen und zu geben. Gott möchte diese Verletzungen in Segen wandeln. Um diese Verletzungen heilen und verbinden zu lassen, brauchen wir den Schmerz als Kundschafter, der Sie ausfindig macht und uns meldet.

Zwei Beispiele, wie Gott gerade das Schmerzvolle - peinigende Begrenzungen - von Menschen in Segen wandelte:

Gladys Aylward, eine junge Frau in England, Anfang des letzten Jahrhunderts, war überzeugt, dass Gott sie nach China gerufen hatte. Doch keine Missionsgesellschaft nahm das einfache Putzmädchen an. „Zu unbegabt", lautete ihr Urteil. Schließlich öffnete ihr Gott über eine alte Missionarin, die eine Mitarbeiterin suchte, den Weg nach China. Auf abenteuerlichem Weg gelangte sie dorthin. Gott benutzte sie, ihre Liebe an Waisenkinder zu verströmen und diese schließlich vor den Wirren des Krieges zu retten. Gott schenkte einen großen Nachklang ihres Lebens. Ihre Biographie „Eine von den Unbezwungenen" wurde weit verbreitet und ihr unerschöpfliches Vertrauen in Gott wurde durch den Film „Die Herberge zur sechsten Glückseligkeit" eine Ermutigung für viele Menschen.

Rick Warren, Leiter und Pastor einer der größten Gemeinden in Kalifornien, erzählt auf einer Leiterkonferenz zum Thema „In Schwachheit leiten" von dem Aber seines Lebens. Ein angeborener Gehirnfehler verursacht, dass sein Körper auf ganz normale Adrenalinausschüttung mit Panikattacken reagiert. Jeder Redner lebt von dieser Adrenalinausschüttung. Sie verhindert, dass seine Zuhörer einschlafen. Rick Warren nennt das, was er erlebt, wenn er öffentlich spricht: Terror. Es ist, wie wenn er vom Empire State Building abstürzen wollte und sich mit seinen Fingern noch am Dachrand festklammern würde. Er sagt: „Warum gibt Gott jemandem diese Krankheit, der jede Woche vor Tausenden von Leuten spricht? Weil Gott schwache Menschen gebraucht. Er möchte die Ehre bekommen. Ehrlich Leute, wenn ich nicht überzeugt wäre, dass Gott mich in diesen Dienst gerufen hat, ich hätte schon lange einen leichteren Weg der Lebensgestaltung gefunden."

Er fährt fort: „Das, was der größte Schmerz und die größte Last meines Lebens ist, wurde zum größten Segen meines Lebens. Gott gebraucht es, um andere zu segnen. Wenn du von Gott in großartiger Weise benutzt werden möchtest, dann musst du mit einem Stachel in deinem Leben rechnen. Ich habe folgendes gelernt: Wo der Raum des Stachels ist, da ist auch der Thronsaal."

Reisetagebuch:

In welchem Bereich, wo Sie Ohnmacht oder Schwäche erleben oder der Ihnen schwer fällt, geben andere Menschen Ihnen die Rückmeldung, dass Sie ihnen zum Segen wurden?

Wo empfinden Sie in Ihrem Leben noch Verletzungen oder schmerzhafte Begrenzungen? Was würde Ihnen hier gut tun oder helfen?

Heilung ist im Gegensatz zum Wunder ein Prozess, ein Weg. Wo erlebten Sie bereits Gottes Heilung und Wiederherstellung?

1.7 Die Berufung finden – wie geht das?

Leben Sie das, was Sie bereits verstanden haben.
Sie wachsen in ihre Berufung durchs Tun.

Was würden Sie sagen, wenn ein Freund oder eine Freundin Sie fragt: Wie finde ich meine Berufung, meinen ganz persönlichen Lebensauftrag?

Ich finde, auf diese Frage gibt es keine Pauschalantwort. Wenn Sie zehn Menschen, die Ihnen sagen können, was Ihre Berufung ist, fragen: „Wie haben Sie das herausgefunden?" – wird Ihnen jeder eine andere Geschichte erzählen. Sie werden aber auch Parallelen in ihren „Entdeckungsreisen" finden.

Erinnern Sie sich an das Bild von der Erde als Vergleich für unsere Berufung? Die Erde dreht sich um sich selbst und sie dreht sich um die Sonne. Darüber hinaus steht die Erde in fester Beziehung zu anderen Planeten. Dieses Bild kann Ihnen Anregung geben, wie Sie Ihrer Berufung auf die Spur kommen können.

Wie finde ich meine Berufung? Folgende zehn Erfahrungen würde ich weitergeben:

- Seien Sie suchend, seien Sie fragend – machen Sie sich auf den Weg.
- Entdecken Sie Gott und entdecken Sie sich selbst, reflektieren Sie Ihre Geschichte.
- Denken Sie daran, es ist ein Weg.
- Suchen Sie Gottes Augen, nehmen Sie die Landkarte runter.
- Seien Sie relaxt und spielen Sie; Gott selber möchte, dass Sie Ihre Berufung finden.
- Bitten Sie Gott um Heilung der Dinge, die Sie schmerzen und gehen Sie Schritte, die Sie in Ihrem Genesungsprozess unterstützen.
- Leben Sie das, was Sie bereits verstanden haben. Sie wachsen in Ihrer Berufung durchs Tun.

- Achten Sie Ihre Sehnsüchte und Träume und fangen Sie an, sie zu leben.
- Bündeln Sie all das, was Sie über sich wissen und was Gott Ihnen wichtig gemacht hat, in einer kurzen schriftlichen Formulierung (Leitbild / Mission Statement).
- Bleiben Sie dran am Thema, lassen Sie sich durch nichts entmutigen.

Reisetagebuch:

Was brauchen Sie, um Ihrer Berufung weiter auf die Spur zu kommen und darin sicher zu werden?

Wie und bis wann möchten Sie das Erkannte umsetzen?

Wie können Sie Ihre Berufung auf den Punkt bringen?

Umarmen Sie die Umstände, die Sie in Bewegung bringen. Nutzen Sie die Energie Ihrer Fragen, Ihrer Frustration, Ihrer Schmerzen, Ihrer Sehnsucht.

Bei mir war es ein Burn-out im Gemeindedienst, das mich in Bewegung brachte. Über zwei Jahre suchte ich, ausgelöst durch diese Krise, nach meiner persönlichen Berufung. Ich nahm an den verschiedensten Kursen und Programmen teil, immer auf der Suche mit der Frage: Wenn Berufung kein Dienst ist, was hat Gott mich dann gerufen, es zu leben und zu tun? Ich fragte mich:

1. Wer bin ich?
2. Zu welchen Leuten sendet mich Gott?
3. Was ist meine Botschaft? Was kann, soll und möchte ich mit meinem Leben bezeugen?
4. Was ist Gottes Vision für mein Leben? Wohin möchte ich mich bewegen?

So lernte ich die verschiedensten Modelle kennen, wie Menschen ihre Berufung auf einen Punkt bringen können, zum Beispiel in einem Bild oder einer Art Aufsatz oder Slogan.

Im Laufe dieser Zeit hatte ich jede Menge Wissen über mich und über Gott angesammelt. Je nach Programm hatte ich es in einem Bild oder einem Motto auf den Punkt gebracht. Für den Moment war es hilfreich, doch innerlich blieb ich noch immer auf der Suche.

Es war wie bei einem Puzzle-Spiel. Ich freute mich über jedes gefundene Puzzle-Teil. Doch immer noch hatten sich die alles begrenzenden und Übersicht gebenden Rahmenteile nicht geschlossen.

Dann las ich das Buch „Mission Statement – vom Lebenstraum zum Traumleben“[5] von Laurie Beth Jones, einer amerikanischen Christin und Unternehmensberaterin. Völlig fasziniert erfuhr ich, wie man mit Hilfe eines „Mission Statements“ das auf den

5 2003 wurde dieses Buch neu vom Universitas Verlag aufgelegt unter dem Titel „Die Macht der Vision“ - Der Weg zum erfüllten Lebenstraum

Punkt bringt, was man über die Berufung Gottes für das eigene Leben erkannt hat.

Dieses Mission Statement besteht aus nur einem Satz. Es umfasst alle Lebensrollen und beschreibt,
- was das eigene Handeln bestimmen soll
- was die drei wichtigsten Werte sind, die man leben möchte
- wer die Zielgruppe ist.

Was gewinnen Sie, wenn Sie Ihre Berufung auf den Punkt bringen?

▶ *Orientierung, und Entscheidungshilfe*

Wie ein Kompass oder Leitbild hilft es privat und beruflich, Entscheidungen zu treffen. Sie müssen nicht mehr jedes Mal neu überlegen und herausfinden, was Ihnen wichtig ist und was Sie wollen.

▶ *Umsetzungshilfe*

Ein Leitbild oder Mission Statement erinnert Sie im Alltag daran, das zu leben und umzusetzen, was Ihnen wirklich wichtig ist.

▶ *Leben im Gleichgewicht*

Wenn es sorgfältig erarbeitet ist, gibt es eine gesunde Balance vor und bewahrt Sie vor Burn-out.

▶ *Reflexionshilfe*

Ein Mission Statement oder Leitbild ist nichts Statisches, sondern etwas Dynamisches, etwas, womit man lebt und das im Lauf der Jahre immer wieder der aktuellen Berufung angepasst wird.

Gönnen Sie sich den Überblick

Damals stöhnte ich innerlich, als ich die vielen Fragen sah. Das bedeutete Arbeit. Doch ich wusste, sie war es wert. Wie ein Berggipfel versprach sie mir Aussicht, Panorama und Überblick über mein Leben und Gottes Verheißungen, das vor mir lag und das ich einnehmen wollte.

Wie für eine Bergtour traf ich nun Vorbereitungen. Mir war völlig klar, dass ich in meinem normalen Alltag nicht die Disziplin und Kraft für die Auseinandersetzung und Beantwortung der vielen Fragen aufbringen würde. Ich fing an zu überlegen, wie die Umstände aussehen müssten, um solch eine Arbeitsreise auch erfolgreich zum Abschluss zu bringen.

Ein paar Monate später kam ich fröhlich aus Afrika zurück. Ich hatte nicht nur einen tollen Urlaub bei Freunden erlebt, sondern mein Herz war auf seiner Suche nach meiner Berufung endlich zur Ruhe gekommen.

Es war unglaublich. Endlich wusste ich, was ich zutiefst leben wollte. Mir war nun bewusst, welches meine wichtigsten Werte sind und wie ich sie gegen das, was ich auf dieser Welt an Zerstörerischem hasse, einsetzen kann.

Kurze Zeit später lasen Freunde von mir das gleiche Buch und erarbeiteten ebenfalls ihr Mission Statement. Fasziniert beobachte ich, wie bei ihnen ebenfalls Ruhe und Zielgerichtetheit ins Leben einkehrte. Der ganz normale Alltag im Beruf als Familienfrau /-vater, Ehepartner, Freund, Nachbar füllte sich plötzlich mit Sinn. Bestimmte Dinge wie feste Tank- und Auszeiten für beide Partner wurden nun gemeinsam geplant. Mit wachsender Gelassenheit und Standfestigkeit intensivierten sie ihnen wichtige Dinge. Anfragen, die nicht ihrem Lebensauftrag entsprachen, lehnten sie freundlich, aber bestimmt ab.

Wie man voller Begeisterung einen Garten neu anlegt oder umgestaltet, so gestalteten meine Freunde ihren Lebensgarten. Und um für diesen ihren Hauptauftrag Zeit und Raum zu haben, holten sie sich alle Hilfe, die sie brauchten, eine Putzhilfe für vier Stunden die Woche, eine Bürokraft auf 400 €-Basis, Austausch mit Gleichgesinnten, Coaching, Seelsorge, ...

Reisetagebuch:

Das Bedürfnis, etwas zu bündeln, entwickeln wir erst, wenn wir immer mehr wahrnehmen, was uns ausmacht und was wir leben wollen.
Je mehr sich Dinge herauskristallisieren und je mehr Sie den roten Faden in Ihrem Leben entdecken, desto mehr kann in Ihnen dieser Wunsch wachsen.

Wo stehen Sie?

Sind Sie bereits an dem Punkt, an dem Sie das Bedürfnis haben, das, was Sie leben wollen, zu bündeln?

Oder möchten Sie erst einmal entdecken, wer Sie sind und welchen Schatz an Fähigkeiten, Träumen, Motivationen und Werten Gott in Ihr Leben hineingelegt hat?

Resumée 1. Reiseabschnitt

Dieses Kapitel 1 legte ein Fundament für die Entdeckungsreise zu Ihrer persönlichen Berufung.

- *Sie haben das Wichtigste über die Grundberufungen Ihres Lebens erfahren. Sie sind sich nun bewusst:*
  Ihre Berufung liegt in Gott. Er bevollmächtigt Sie, sie zu leben.
  Sie sind berufen, sein Kind und Erbe zu sein. Damit schenkt Ihnen Gott Zugehörigkeit, Sicherheit und Geborgenheit, um die Vision, die er Ihnen auf Ihr Herz gelegt hat, zu leben.

- *Sie sind nun vertraut mit Prinzipien, wie Gott in die Berufung führt. Sie wissen:*
  - *Ihre Berufung ist ein Weg. Sie haben herausgefunden, in welcher Phase/n Ihres Berufungsweges Sie sich befinden.*
  - *Gott selber wird Sie in Ihre Berufung führen. Sie sind in Berührung gekommen mit Gottes Reden und Führen in Ihrem Leben.*
  - *Spiel und Schmerz sind Ihre Verbündeten auf diesem Weg. Sie haben Gefühle und Gedanken überprüft, die Sie hindern, tiefer in Ihre Berufung hinein zu finden. Sie haben herausgefunden, was Ihnen hilft, Ihren Weg spielerisch zu erkunden. Sie haben sich vertraut gemacht mit dem Schmerz oder der Last Ihres Lebens und Sie haben entdeckt, wie Gott diesen Schmerz bereits in Segen verwandelte oder noch Gutes daraus schaffen wird.*

- *Sie haben entdeckt, was Sie persönlich brauchen, um Ihrer Berufung weiter auf die Spur zu kommen.*

Reisetagebuch:

Sie wissen nun das Wichtigste über die Grundberufungen Ihres Lebens.
Sie sind nun vertraut mit Prinzipien, wie Gott in die Berufung führt.
Und Sie haben herausgefunden, was Sie persönlich brauchen, um Ihrer Berufung weiter auf die Spur zu kommen.

Was war die wichtigste Entdeckung oder Einsicht, die Gott Ihnen schenkte?

Was hat sich durch diese Entdeckung verändert?

Was werden Sie aufgrund dieser Einsicht tun, um in Ihrem „Sein", Ihrem „Dienst" und in Ihrer Berufung zu wachsen?

2. Das können Sie jetzt entdecken

Gegen die Kraft,
die dir aus der Freude zuströmt,
verliert die Angst ihre Macht.

Christa Spilling-Nöker

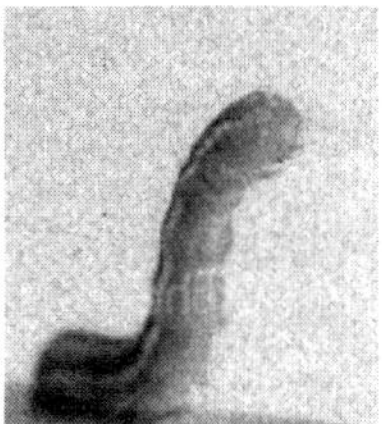

2.1 Was Sie begeistert

Das Leben als Geschenk auszupacken und zu feiern, kann ein Kanal sein, aus dem Ihnen die Kraft und die Freude zufließen, in Ihre Berufung hineinzufinden.

Manchmal benutzt Gott besondere oder schmerzliche Lebenssituationen, damit wir Wahrheiten nicht nur mit dem Verstand, sondern auch mit dem Herzen begreifen. Gott hat Ihnen Ihr Leben geschenkt. Er ist Ihr Schöpfer und Ihr Leben ist sein Geschenk an Sie persönlich. Glauben Sie das? Sind Sie davon überzeugt?

Folgendes Erlebnis malte mir diese Wahrheit mit großer Klarheit vor Augen. Es war Januar und ich ging durch den Wald. Genauer gesagt stapfte ich durch den Schnee. Ich tat es, um Abstand zu gewinnen von der Situation zuhause. Mein Vater hatte Krebs und konnte nur noch palliativ behandelt werden. In den letzten Wochen hatten mein Bruder und ich zusehen müssen, wie langsam aber sicher seine Kräfte abnahmen und sein Lebenskreis sich immer weiter einschränkte. Ich empfand dies als sehr schmerzhaft.

Langsam fielen Schneeflocken vor mir auf den Boden. Während ich lief, begann ich, über die wunderschöne Schneelandschaft, die sich vor mir ausbreitete, zu staunen. Und plötzlich sprang von der Schönheit, die ich um mich sah, ein Funke auf mich über, über die Schönheit des Lebens an sich.

Angesichts des Sterbens und Abschiednehmens auf der einen Seite und der Ruhe und Harmonie der Schöpfung auf der anderen Seite begriff ich: Das Leben ist ein einzigartiges Geschenk, das Gott jedem Menschen gibt.

Wie können Sie Ihr Leben als Geschenk entdecken?

Ein Geschenk soll Freude bereiten. Das ist die Intention des Gebers. Ein eingepacktes Geschenk weckt unsere Neugier. Es wartet darauf, ausgepackt zu werden. Beim Auspacken erfordert es

Achtsamkeit. Und dann möchte es entdeckt und in seiner vollen Einsatzmöglichkeit erkannt und erprobt werden.

Doch es geht nicht nur um die Gabe. Das Geschenk sagt auch etwas aus über den Geber. Es ist Ausdruck seiner Wertschätzung, seiner Liebe, seiner Zuneigung. Das ist das Eigentliche, das es zu entdecken gilt.

Im Geschenk sehen wir, wie gut er unsere Bedürfnisse kennt und welch liebevolle Gedanken und Ideen er für uns hat. Das löst in uns Staunen, Liebe, Dankbarkeit und Freude aus. Und „gegen die Kraft, die dir aus der Freude zuströmt, verliert die Angst ihre Macht.“ (Christa Spilling-Nöker[6])

Gott hat Ihnen Ihr Leben zum Geschenk gemacht. Unser Leben hier auf der Erde bedeutet auch Kampf und ist voller Herausforderungen. Uns begegnen Leid, Angst, Verfolgung, Hunger, Armut, Gefahr und Tod. Hier nimmt die Bibel kein Blatt vor den Mund (Röm. 8,35). Doch das kann uns nicht von Gottes Liebe trennen.

Paulus bestätigt: „Was kein Auge jemals sah, was kein Ohr jemals hörte und was sich kein Mensch vorstellen kann, das hält Gott für die bereit, die ihn lieben.“ (1.Kor. 2,9 Hfa)

Wie groß das Geschenk ist, das Gott uns mit unserem Leben, mit unserer Berufung durch Christus gab, können wir in seiner Fülle noch gar nicht fassen. Dieses Leben hier ist nur der Startpunkt unserer Bestimmung, nämlich in ungetrübter Gemeinschaft mit Gott ewig zu leben. Das Ausmaß dieser Berufung übersteigt unsere Vorstellungskraft und unser Fassungsvermögen.

So geschieht es sehr leicht, dass wir angesichts von Enttäuschungen, Schwierigkeiten und Kämpfen unseren Blick von diesen Dingen bannen lassen. Oft reagieren wir mit Bitterkeit, Unmut, Resignation, innerem und äußerem Boykott.

Die „Geschenkseite des Lebens“ wird vergessen. Die Folge: Wir unterbrechen unseren Zugang zu den positiven Lebensenergien: Dankbarkeit, Staunen, Freude, Begeisterung, Liebe. Wir

---

6 Christa Spilling-Nöker, Jeder Augenblick zählt, Verlag am Eschbach, aus dem Gedicht: Sorge dich nicht soviel

verlieren den Blick auf Gott. Wir hören auf, um ihn zu „kreisen“ und geraten aus der Bahn unserer Berufung.

Gott beschreibt seine Intention und Absicht für unser Leben wie folgt: “Denn ich weiß wohl, was ich für Gedanken über euch habe, spricht der HERR: Gedanken, des Friedens und nicht des Leides, dass ich euch gebe Zukunft und Hoffnung.“

Das Leben wieder als einzigartiges Geschenk entdecken kann ein Zugang sein, wie Sie Gottes Liebe und Wertschätzung Ihnen gegenüber spürbar wahrnehmen. Das Leben als Geschenk auspacken und feiern kann ein Kanal sein, aus dem Ihnen die Kraft und die Freude zufließen, in Ihre Berufung hineinzufinden.

Hier einige Anregungen, das Leben als Geschenk auszupacken:

Gott hat Ihnen ihre Sinne gegeben, damit Sie sich, ihn und das Leben um sie herum in all ihrer Vielfalt wahrnehmen können.

Er hat Ihnen Ihren Verstand und Ihre Fähigkeiten und Fertigkeiten gegeben, um Ihr Leben zu gestalten.

Ihr Leben ist das, was Ihnen gehört, wo Sie alleine Vollmacht und Entscheidungsbefugnis haben. Stunde um Stunde, Tag um Tag können Sie entscheiden, womit Sie Ihr Leben verbringen wollen. Sie können entscheiden, ob Sie lieber auf die Kanarischen Inseln fahren wollen oder nach Norwegen zum Trekking.

Sie können entscheiden, wofür Sie Ihr Geld ausgeben. Und Sie können entscheiden, womit Sie Ihr Geld verdienen.

Sie können Ihren Tagesablauf gestalten. Sie können entscheiden, welchem Interesse Sie nachgehen, welches Hobby Sie verfolgen, ob Sie lieber an Autos basteln, im Internet surfen, segeln lernen, reiten gehen oder jonglieren üben. Sie können entscheiden, wofür Sie sich einsetzen und welchen Menschen Sie dienen möchten. Gott hat Ihnen mit Ihrem Leben ein einzigartiges Geschenk gemacht. Ein einzigartiges Geschenk, mit dem Sie seine Welt, seine Menschen, ihn und sich selber entdecken können.

Entdecken Sie, was Sie an Ihrem Leben begeistert. Warum es so wichtig ist zu wissen, wo die Kraft Ihrer positiven Leidenschaft liegt, entdecken Sie im Praxisteil dieses Buches (II.2.4).

Reisetagebuch:

Entdecken Sie nun, wo Sie Kraft, Freude und Enthusiasmus in Ihrem Leben spüren.

Schritt 1: *Nehmen sie sich 15 Minuten Zeit und schreiben Sie auf einen Zettel.*

Was begeistert Sie am Leben?

Schritt 2: *Tragen Sie diesen Zettel in den nächsten Tagen bei sich und ergänzen Sie Ihre Liste.*

Schritt 3: *Markieren Sie einander ähnelnde Aussagen mit jeweils einer Farbe und finden Sie für diese Farben Überbegriffe.*

Reisetagebuch:

Sie sind sich nun bewusst, was Sie am Leben generell begeistert. Entdecken Sie nun Positives über sich selbst.

Nennen Sie Unternehmungen oder Dinge, die Sie gemacht haben (mindestens 3), auf die Sie wirklich stolz sind.

Wenn das Wort „stolz" für Sie negativ belegt ist, überlegen Sie: Was haben Sie gemacht, das Sie wirklich gut fanden oder wo Sie mit sich zufrieden waren?

Welche Eigenschaften oder Charakterzüge sind es, die Sie daran so freuen?

Schreiben Sie diese Eigenschaft mit einem Farbstift hinter die Unternehmung. Verwenden Sie für ähnliche Charakterzüge die gleichen Farben.

Was entdecken Sie, wenn Sie die farbig markierten Begriffe über das, was Sie am Leben begeistert, und die Charaktereigenschaften, die Sie an sich schätzen, ansehen? Was spüren Sie?

2.2 Das Besondere an Ihnen

Gott sieht Sie in Ihrer Einmaligkeit. Bei ihm sind Sie in Ihrer Einzigartigkeit entdeckt, gewollt und erwählt.

Im vorherigen Kapitel haben wir festgehalten: Ein Geschenk sagt etwas aus über den Geber. So ist Ihr Leben an sich, aber auch wie Sie geschaffen sind, ein Ausdruck von Gottes Wertschätzung, seiner Liebe, seiner Zuneigung Ihnen gegenüber.

Die Bibel ist voller Geschichten, die davon erzählen: Gott lässt uns mit diesem Leben, das er uns anvertraut hat, nicht allein. So wie er uns gemacht hat, steckt dahinter eine Idee: Er hat jedem von uns einzigartige Gaben mitgegeben, einzigartige Fähigkeiten, ein einzigartiges Interesse, eine einzigartige Persönlichkeit. Hinter jedem von uns steht eine einzigartige Berufung, ein einzigartiger Auftrag, den nur wir erfüllen können, den nur wir zu seiner Welt beitragen können. Und jeder dieser Aufträge ist wichtig: Er ist wie ein Puzzle-Teil, unentbehrlich für das Gesamt-Puzzle.

Ich glaube, dass Gott bei jedem Menschen, den er ins Leben ruft, lächelt und zu ihm sagt: „Wow, mit dir ist mir wieder etwas besonders Einzigartiges geglückt. Du bist etwas ganz Besonderes. So wie du ist niemand anderes. Dich gibt es wirklich nur einmal. Mit deiner Nase, mit deiner Begabung, auch mit den Begrenzungen, die ich dir mitgegeben habe, bist du einzigartig. Vergiss es nicht: Es gibt niemanden und wird auch nie wieder jemanden wie dich geben."

Gott sieht Sie in Ihrer Einmaligkeit. Bei ihm sind Sie in Ihrer Einzigartigkeit entdeckt, gewollt und erwählt.

Wie entdecken Sie nun Ihre Einzigartigkeit?

Wachsen Sie in dem Bewusstsein, dass Sie etwas ganz Besonderes sind. Entdecken Sie die Einmaligkeit Ihrer Herkunft, Ihrer Geschichte, Ihrer Fähigkeiten, dessen, was Sie bewegt und

Gott Ihnen aufs Herz gelegt hat. Nehmen Sie sich die Zeit dafür. Mehr über diese Berufungshinweise erfahren Sie in Mirjams Geschichte im zweiten Teil dieses Buches.

Nehmen Sie wahr, worin Gott, andere und Sie selbst Ihre Einzigartigkeit sehen. Fragen und Übungen dazu finden Sie in den anschließenden Notizen für Ihr Reisetagebuch.

Dass Sie anders als andere Menschen sind, erleben Sie Tag für Tag. Wie erleben Sie Ihre Einzigartigkeit? Verschieden und anders zu sein beinhaltet auch ein Stück Einsamkeit. Wir fühlen uns wohl, bestätigt und bejaht in der Nähe von Menschen, die uns ähnlich sind. Wo Personen anders reagieren, anderes mögen, ihr Leben um andere Werte arrangieren, empfinden wir uns leicht unangenehm fremd und allein. Vielleicht müsste für Sie die Frage eher lauten: Wie bejahe ich meine Einzigartigkeit?

Dazu möchte ich Ihnen eine Geschichte erzählen. Vielleicht kennen Sie dieses wunderschöne Bilderbuch von Max Lucado „Du bist einmalig"?[7]

Wenn nicht, stellen Sie sich bunte Holzmarionetten vor, aber ohne Fäden. So sehen die Wemmicks aus. Ein Holzschnitzer namens Eli hatte sie geschnitzt. Jeder Wemmick war anders. Manche hatten große Nasen, andere hatten große Augen. Einige waren groß und schlank, andere waren kurz und dick. Nun hatten die Wemmicks eine besondere Angewohnheit. Jeder von ihnen besaß zwei kleine Schachteln. Die trugen sie stets bei sich. Die eine Schachtel war voller goldener Sterne. Die andere war voller schwarzer Punkte.

Mit diesen Schachteln gingen die Wemmicks durch ihr Dorf und verteilten diese Sterne oder Punkte untereinander. Hübsche Wemmicks bekamen Sterne. Wemmicks aus rauem Holz oder mit abgeblätterter Farbe bekamen die schwarzen Punkte. Die Talentierten bekamen natürlich auch Sterne. Doch wer nur wenig konnte, erhielt die hässlichen schwarzen Punkte.

Einer von ihnen war Punichello. Er versuchte, so hoch wie die an-

---

7 Frei erzählt nach LUCADO, Max, You are special, Crossway Books, Wheaton, Illinois

deren zu springen. Doch immer fiel er hin. Da gaben ihm die anderen Wemmicks schwarze Punkte. Er versuchte zu erklären, warum er immer hinfiel. Das klang so dumm, dass ihm die anderen noch mehr schwarze Punkte gaben. Die Leute aus Holz sagten: „Dieser Wemmick verdient viele hässliche Punkte.“ Schließlich glaubte ihnen Punichello und dachte: „Ich bin kein guter Wemmick.“

Eines Tages traf er ein Wemmick-Mädchen, das anders war als die anderen. Sie hatte weder Sterne noch Punkte. Lucia hieß sie. Manche Wemmicks wollten ihr einen schönen goldenen Stern anheften, weil sie keine hässlichen schwarzen Punkte hatte. Doch der Stern blieb nicht haften. Andere wollten ihr einen schwarzen Punkt anstecken. Doch auch der fiel einfach ab. Punichello sah das und dachte: „So möchte ich gerne sein.“ „Wie machst du das, dass die Sterne und Punkte nicht haften?“, fragte er Lucia. „Ganz einfach,“ sagte Lucia „ich besuche jeden Tag den Holzschnitzer Eli.“ „Warum?“, wollte Punichello wissen. „Du wirst es herausfinden, wenn du ihn besuchst.“ „Aber wird er mich überhaupt sehen wollen?“, sagte Punichello. Doch Lucia hatte sich schon umgedreht und hüpfte weg.

Am nächsten Tag nahm Punichello all seinen Mut zusammen und betrat den Laden des Holzschnitzers Eli. Huch – alles war so groß und hoch. Es war ihm unheimlich. Er wollte schon wieder gehen, da hörte er eine Stimme: „Punichello, schön, dass du gekommen bist. Lass dich mal ansehen!“ Punichello drehte sich um und sah Eli. „Du kennst meinen Namen?“, fragte er erstaunt. „Aber sicher, ich habe dich doch gemacht.“

Dann deutete Eli auf die vielen schwarzen Punkte an Punichello. „Das sieht fast so aus, als hättest du viele schlechte Noten bekommen.“ Punichello erschrak und versuchte sich zu verteidigen. Doch Eli winkte begütigend ab und sagte: „Es ist mir egal, was andere über dich denken. Und dir sollte es auch egal sein. Es ist nur wichtig, was ich denke. Und ich denke, du bist etwas ganz Besonderes. Da lachte Punichello laut: „Ich – ganz besonders? Nee, ich bin überhaupt nicht begabt und meine Farbe blättert ab und ... Warum bin ich dir wichtig?“

Eli antwortete: „Du bist mir wichtig, weil du mir gehörst." Da wurde Punichello ganz still. Schließlich fragte er: „Warum bleiben die Punkte und Sterne nicht an Lucia haften?" Der Holzschnitzer antwortete: „Weil sie beschlossen hat, dass das, was ich denke, viel wichtiger ist als das, was andere denken. Diese Punkte und Sterne haften nur, wenn du es zulässt." Das konnte Punichello nicht glauben. „Doch, doch – das ist so, diese Punkte und Sterne kleben nur, wenn sie dir wichtig sind. Und je mehr du mir glaubst, dass ich dich liebe, desto weniger kümmern dich diese schwarzen Punkte oder goldenen Sterne," sagte Eli. „Das verstehe ich nicht," meinte Punichello. „Du wirst es noch verstehen, aber das braucht Zeit. Besuche mich einfach jeden Tag. Und ich werde dir sagen und zeigen, wie sehr ich dich mag."

Punichello machte sich auf den Heimweg. Als er durch die Tür nach draußen schlüpfte, hörte er Elis Stimme: „Vergiss es nicht, du bist etwas ganz Besonderes!" Als er das hörte, dachte Punichello: „Klingt fast so, als ob er das wirklich so meint." Und während er das dachte, purzelte ein hässlicher schwarzer Punkt von seiner Jacke auf den Boden.

Wenn Sie in dem Bewusstsein wachsen, dass Sie etwas Besonderes sind und so okay sind, wie Sie sind, werden Sie unabhängig von den Beurteilungen und Meinungen der Menschen über Sie.

Wie bejahe ich meine Einzigartigkeit?

Wenn Sie in dem Bewusstsein wachsen, dass Sie etwas Besonderes sind und so okay sind, wie Sie sind, werden Sie wie Lucia unabhängig von den Beurteilungen und Meinungen der Menschen über Sie. Ablehnung, Kritik, Tadel, zu hohe Erwartungen anderer Menschen an Sie werden Ihnen nicht mehr so leicht anhaften. Und Sie müssen sich nicht auf die Jagd nach Anerkennung und Bewunderung begeben.

Wie Punichello durch seine Besuche bei Eli, so finden Sie bei

Gott, Ihrem Schöpfer, zu einer gesunden Identität. Aus sicherer Quelle erfahren Sie von ihm, wer Sie sind, wo Ihre Gaben und Grenzen sind. Und darin fließt Ihnen Sicherheit zu, Ihre Berufung zu erkennen und zu leben.

In diese gottgegebene Identität hineinzufinden ist ein Prozess des Umdenkens und des „Sich verwandeln Lassens". Punichello muss lernen umzudenken und nicht mehr den Urteilen der anderen Wemmicks zu glauben. Dazu braucht es Zeit, viel Zeit, die er bei Eli verbringt. Die Zeit mit Eli und bei Eli wird ihn verwandeln. Ähnliches schreibt Paulus an die Römer. Er sagt ihnen, wie sie in ihre gottgegebene Identität hineinfinden können: „Passt euch nicht den Maßstäben dieser Welt an. Lasst euch vielmehr von Gott umwandeln, damit euer ganzes Denken erneuert wird. Dann könnt ihr euch ein sicheres Urteil bilden, welches Verhalten dem Willen Gottes entspricht, und wisst in jedem einzelnen Fall, was gut und gottgefällig und vollkommen ist." (Röm. 12,2 GN)

Entdecken Sie, worin Gott, Sie selbst und andere Ihre Einzigartigkeit und Besonderheit sehen.

Reisetagebuch:

Machen Sie sich Notizen zu den folgenden Fragen. Schreiben Sie in einer ersten Runde auf, was Ihnen spontan einfällt.
Nehmen Sie dann diese Fragen mit in Ihren Alltag, als etwas, worauf Sie in den nächsten ein/zwei Wochen achten wollen.

Was schätzen und mögen Sie an sich selber? Was finden Sie an sich selbst gut?

Was denken Sie, dass Gott an Ihnen besonders mag? Wo erfahren Sie sein Lob und seine Wertschätzung?

Erzählen Sie Freunden, dass Sie dabei sind, mehr über Ihre Berufung, Ihre Gaben und Fähigkeiten herauszufinden. Bitten Sie sie, Ihnen in den nächsten zwei Wochen positives Feedback über Sie zu geben, einfach so, wie sie Sie empfinden und wahrnehmen.
Lassen Sie sich das Feedback schriftlich geben oder schreiben Sie selber mit. Folgende Fragen können Ihnen dabei helfen:

Was schätzt du an mir (Charakter, Persönlichkeit, ausstrahlung, Verhalten …)?

Welche natürlichen und geistlichen Gaben und fähigkeiten siehst du bei mir?

Mit welchen Menschen (Altersgruppe, Kultur, Geschlecht, Problematik, …) kann ich deiner Meinung nach besonders gut umgehen?

Wichtig:
Wenn Sie alle Rückmeldungen haben, markieren Sie all das mit einer Farbe, was Ähnliches aussagt! so entdecken Sie bereits Schwerpunkte Ihrer Gaben, Fähigkeiten und Persönlichkeit, die anderen auffallen.
Tauschen Sie sich mit einem/r Freund/in über das erhaltene Feedback aus.

Was bejahen Sie?
Mit was stimmen Sie nicht überein?

2.3 Was Sie in Bewegung bringt

Keiner muss etwas leben, was nicht zu ihm passt. Ihre Berufung passt perfekt zu Ihnen.

Laurie Beth Jones schreibt in Ihrem Buch „Die Macht der Vision“: „Wenn ich jammernde Lehrer oder frustrierte Hausfrauen treffe, komm ich rasch zu dem Schluss, dass sie ihre von Gott gegebene Mission nicht verfolgen. Vielleicht verfolgen sie ihre wirtschaftliche Mission oder ihre kulturelle Mission, aber sie können unmöglich ihre göttliche Mission verfolgen, denn Bienen wimmern nicht bei der Arbeit, sie summen! Es ist meine Überzeugung, dass es in der natürlichen Ordnung der Dinge durchaus vorgesehen ist, dass jedermann bei der Arbeit summt.“[8]

Bienen wimmern nicht bei der Arbeit, sie summen! Mir hat dieser Satz gefallen. Er hat mich noch einmal darin bestätigt, dass Unzufriedenheit und Frustration Indikatoren sind, dass man etwas lebt, was der Änderung bedarf. Irgendetwas stimmt nicht. Und die Unruhe und Unzufriedenheit sind letztendlich der Motor und das Potenzial, etwas zu verändern.

Sie können das ausprobieren. Wenn Sie demnächst in Ihrem Beruf oder einem wichtigen Lebensbereich absolut frustriert sind, rufen Sie sich Folgendes ins Gedächtnis: Jetzt sind Sie am „Punkt der Stärke“ angelangt.

Denn nun wissen Sie, wie Ihr Leben nicht aussehen soll. Sie müssen sich nur noch das Gegenteil, bzw. das „Was dann“ vorstellen und zulassen. Damit sind Sie in Berührung mit den Träumen und vielleicht der Vision Ihres Lebens.

Da, wo ein Mensch nicht mehr träumt, hat er eine der wichtigsten Kraftquellen seines Herzens verschüttet.

Gottes Visionen für uns und für die Welt orientieren sich nicht an unseren Grenzen oder an der Gefallenheit der Schöpfung.

---

8 JONES, Laurie Beth, Die Macht der Vision, 2003 Universitas Verlag in der F.A. Herbig Verlagsbuchhandlung GmbH München, S. 43

Gott denkt „verheißungsorientiert". Gott denkt von dem her, was durch seine schöpferische unbegrenzte Kraft und Liebe möglich ist.

Wenn Sie von Ihrer Berufung und Vision träumen, ist es wichtig, dass Sie Ihre und andere vermeintlichen Grenzen weglassen. Es ist wichtig, dass Sie sich eine Welt vorstellen, in der mit Gottes Hilfe alles möglich ist. Es ist wichtig, dass Sie das, was Gott verheißt, die Bilder, die er uns von Gemeinschaft und Leben vor Augen malt, glauben.

Das Gegenteil von Träumen ist Anpassen und Funktionieren. Da, wo ein Mensch nicht mehr träumt, hat er eine der wichtigsten Kraftquellen seines Herzens verschüttet! Träume haben etwas zu tun mit Wegen, die noch niemand gegangen ist. Sie spiegeln etwas wider von der Kreativität und Schöpfungskraft Gottes, die er in uns als seine Ebenbilder hineingelegt hat.

Wir haben oft gelernt, dass derjenige, der träumt, ineffizient ist und der Realität entflieht. Das kann sein, wenn er nicht anfängt, die Träume zu leben. Doch ebenso steht fest: Da, wo Träume sterben, sterben die Menschen mit.

Träume bringen uns in Berührung mit der Kraft und der Sehnsucht unseres Herzens. Sie weisen darauf hin, was uns bewegt und was uns Energie gibt. Wahrheit und Weisheit sind oft verschlüsselt in ihnen verborgen. Eine dieser tiefen Wahrheiten hinter unseren Tagträumen ist: Berufung ist etwas, was perfekt zu uns passt.

Ihre Berufung passt perfekt zu Ihnen. Glauben Sie das? Ich denke, dass diese Tatsache die wenigsten von Herzen glauben. Schaue ich mir das Leben von Menschen an, so scheint mir, dass viele von uns ganz tief innen denken: „Dass meine Berufung perfekt zu mir passt - das ist zu schön, um wahr zu sein!"

Und doch, es ist wahr! Es ist wahr, weil es Gottes Art und Wesen entspricht. Schauen Sie in die Natur: Die Biene, die Antilope, der Delfin, der Koalabär – jedes der Tiere ist einzigartig auf seine Umwelt zugeschnitten. Die Antilope muss nicht klettern, der Koalabär nicht schwimmen. Jedes Tier, jede Pflanze darf so einzigartig sein, wie es bzw. sie ist und braucht nur seine bzw. ihre ganz eigenen Funktionen ausfüllen, keine fremden.

Vielleicht denken Sie: „Da ist so vieles, wonach ich mich von tiefstem Herzen sehne zu leben, doch das ist zu schön, um wahr zu sein!" Ich denke, diese Träume und das gute Sehnen unseres Herzens ist die DNS, die Gott in unser Leben hineingelegt hat. Sie enthalten das Erbmaterial unserer Berufung! Es ist unser Misstrauen gegenüber Gott, es ist Angst vor Enttäuschung, ein Gebannt-Sein durch Hindernisse, ein Sich-täuschen-Lassen von Lügen, ... die uns daran hindern, zu glauben, dass Gott uns ein Sein zugedacht hat, das perfekt zu uns passt.

Sie können diesen Glauben, dass Ihre Berufung perfekt zu Ihnen passt, nicht machen. Doch Sie können Ihr Herz Gott gegenüber öffnen und ihn bitten: „Hilf mir, das Geschenk meiner Berufung anzunehmen. Nähre du mein Herz, damit ich deine Träume über meinem Leben träumen kann. Hilf mir zu begreifen und anzunehmen, dass deine Liebe zu mir, dein Stolz über mich, dein Vertrauen in mich größer ist als das, was ich je mir selber gegenüber aufbringen werde."

Nähren Sie Ihr Herz mit einer tiefen Freundschaft zu Gott. Nähren Sie Ihr Herz mit Gottes guten Aussagen über Ihrem Leben. Nähren Sie Ihr Herz mit guten Gedanken über Sie. Wie können Sie das tun?

Entdecken Sie, welche Umstände Sie motivieren. Fragen Sie sich: Was interessiert mich? Die Antworten auf diese Fragen werden Ihnen etwas davon zeigen, was perfekt zu Ihnen passt und was Sie in Bewegung bringt.

Reisetagebuch:

Schritt 1: *Fragen Sie Ihr Herz und Ihre Phantasie:*

Welche Berufe würden Sie sich wünschen, wenn Sie es könnten und es keine Hindernisse gäbe?

Versuchen Sie, sieben verschiedene Berufe zu finden. Es geht nicht darum, dass Sie diese Berufe auch ausüben müssen. Diese Traumberufe sind ein Hilfsmittel um herauszufinden, was zu Ihnen passt und was Sie in Bewegung bringt.

Schritt 2: *Schreiben Sie jeweils dazu,*

a) was Sie daran besonders interessieren würde
b) welche idealen Umstände Sie dabei besonders motivieren würden (z.B. Teamarbeit, bestimmte Umgebung, Ablauf, Gehalt, ...)

Schritt 3: *Markieren Sie einander ähnelnde Aussagen mit jeweils einer Farbe und finden Sie für diese Farben übergeordnete Begriffe.*

Was entdecken Sie?

2.4 Wovon Sie träumen

> *Der Weg hinein in Ihre Berufung besteht aus vielen kleinen Schritten.*

In der Übung Traumberufe haben Sie sich nun bewusst gemacht, wo Ihre Interessengebiete liegen und welche Umstände Sie motivieren. Hier sehen Sie etwas davon, was perfekt zu Ihnen passt.

Der Weg hinein in Ihre Berufung, die Ihnen vollkommen entspricht, besteht aus vielen kleinen Schritten. Oft sind die nächsten Schritte nicht Schritte zu den großen Lebensträumen, sondern Schritte, kleine Träume in die Tat umzusetzen.

Die Freude über Ihren Mut und das Gelingen, dass Ihr kleiner Traum Wirklichkeit wurde, wird Ihnen Sicherheit und Elan geben, den nächsten Wunsch zu verwirklichen.

Hierzu ein Beispiel aus meinem Leben: Der erste Schritt in meine Mission, Menschen in Ihrer Berufung weiterzuführen, war nicht der Aufbau einer Beratungsarbeit, sondern dass ich anfing einen Traum zu leben.

Ich wollte gerne alte Holzschränke selber restaurieren können. Nach langem Zögern fragte ich einen örtlichen Antiquitätenhändler, ob ich ihm ohne Entgelt helfen könne, Möbel zu restaurieren und er mir dafür Know-how beibrächte. Er stimmte zu. Das gab mir soviel Auftrieb, dass ich bald darauf einen ganz alten Kindheitstraum in Angriff nahm. Ich lernte reiten.

Das war schon etwas schwieriger. Hier brauchte ich viel Geduld und Ausdauer. Aber nun war ich in Fahrt. Ich war auf den Geschmack gekommen, wie motivierend und wohltuend es ist, mich in meinen Wünschen ernst zu nehmen und sie auch umzusetzen. In mir wuchs Selbstvertrauen, Selbstachtung und die Fähigkeit, für das einzustehen, was zu mir passt.

Wenn Sie Ihre Träume umsetzen wollen, dann rechnen Sie mit Widerstand. Der erste Widerstand, den Sie überwinden müssen, liegt in Ihnen. Es besteht aus dem Gesetz der Trägheit. Dieses besagt, dass, um etwas in Bewegung zu bekommen, ein höherer

Energieimpuls notwendig ist als bei einer Sache, die schon in Bewegung ist. Es ist also total normal, sich für etwas einen Ruck geben zu müssen.

Für diesen Ruck hat Gott jedem einzigartige Interessen, Umstände und Fähigkeiten gegeben, die ihn motivieren. Das heißt, sie bewegen uns. Wie der Mond Ebbe und Flut auslöst, so bringen Sie gewisse Umstände, gewisse Themen, gewisses Tun in Bewegung. Ohne groß nachzudenken, haben wir dafür Energie, ja, es zieht uns gerade dahin. Kennen Sie das? Manche Menschen sind zum Beispiel sofort motiviert, sobald sie etwas zusammen mit anderen unternehmen können.

Erschöpfung, Müdigkeit oder ein langes Ignorieren bzw. fehlende Verbindung mit diesen Energiequellen können das Bewusstsein für das, was uns in Bewegung bringt, trüben. Von daher ist es eine große Ressource, dass Sie sich im letzten Kapitel bewusst machten: Das motiviert mich. Das gibt mir Energie. Greifen Sie auf dieses Wissen zurück, wenn Sie zu müde oder ausgelaugt sind, um noch zu spüren, was Sie jetzt brauchen. Tun Sie es einfach. Ihr Energietank wird sich wieder auffüllen.

Der zweite Widerstand, wenn Sie Träume verwirklichen, kann ebenfalls ein inneres Hindernis sein. Ihr Traum kann Sie herausfordern, Ihre Komfortzone zu verlassen. Komfortzonen sind Sicherheitszonen. Hier ist alles vertraut, hier fühlen wir uns wohl. Hier haben wir scheinbar alles im Griff. Scheinbar, denn in Wirklichkeit hat uns unsere Angst und unser Sicherheitsbedürfnis im Griff.

Träume dagegen sind in Berührung mit unserer Lebendigkeit, mit dem Mut, sich dem Leben zu stellen, Neues zu entdecken, zu wachsen und das auszudrücken, was Gott in uns angelegt hat. Was denken Sie, wird in Ihnen wachsen, wenn Sie Ihre Träume ernst nehmen und Sie verwirklichen?

Wenn Sie die inneren Widerstände überwunden haben, kann es sein, dass sich Ihnen äußere Blockaden wie Umstände oder Opposition von Menschen in den Weg stellen. Nichts ist so bedrohlich für Menschen der Komfortzone, als wenn andere ihre Wohlfühl- und Sicherheitszone verlassen.

Natürlich kann es auch sein, dass Gott Ihnen bewusst einen Weg blockiert. Oder er möchte Sie durch Menschen vor Gefahren oder Folgen einer eingeschlagenen Marschroute warnen. Nehmen Sie Widerstände aus Gottes Hand und fragen Sie ihn nach der Bedeutung der Hindernisse. Überprüfen Sie vor Gott die Bedenken, die andere Ihnen entgegenhalten. Wenn Sie offen und sensibel sind, wird Gott Sie korrigieren. Er hat versprochen, uns den Weg zu zeigen, den wir gehen sollen. Er will uns mit seinen Augen leiten. (Ps. 32,8)

Ansonsten gilt die Erfahrung Davids und vieler anderer biblischer Personen: Mit meinem Gott kann ich über Mauern springen. (Ps. 18,30) Widerstände werden Sie lehren, Gott zu vertrauen und in seinem Namen Hindernisse zu überwinden.

Wenn wir Träume verwirklichen, wenn wir Gottes Träume für seine Welt und unser Leben verwirklichen, dürfen wir uns nicht an Widerständen stören. Haben Sie keine Angst vor Widerständen. Und stören Sie sich nicht daran, wenn sie Ihnen begegnen.

Reisetagebuch:

Folgende Übung hilft Ihnen herauszufinden, welche Ihre nächsten kleinen Schritte zu dem hin sind, was zu Ihnen passt.

Welcher „kleine Traum" liegt schon lange auf Ihrem Herzen und wartet darauf, dass Sie ihn sich schenken und verwirklichen?

Was würden Sie gewinnen, wenn Sie ihn in die Tat umsetzen?

Für welchen großen Traum können Sie konkret einen ersten Schritt tun? Wie sieht er aus?

2.5 Wie Sie Zeit als Geschenk erleben

Zeit ist ein Geschenk, in dem wir der Liebe Gottes in ihrer Vielgestalt begegnen dürfen.

Mit Ihrem Leben und mit Ihrer Einzigartigkeit hat Ihnen Gott noch etwas geschenkt: Zeit. Zeit, sich unter seiner Liebe zu entfalten und Ihren Lebensauftrag zu entdecken und zu leben.

Die Zeit und der Umgang mit der Zeit sind ein göttliches Geheimnis. Dieses Empfinden hatten schon die Griechen. Das zeigt sich daran, dass sie zwei Wörter für die Zeit kannten. Beide Begriffe ordneten sie Göttern zu.

So gab es das Wort „chronos“. Dieser Gott Chronos war der unbarmherzige Vater der Zeit. Er war ein Tyrann. Aus Angst vor einem Thronfolger verschlang er seine eigenen Kinder. „Wenn wir diesen Mythos deuten, so wird ein wesentlicher Aspekt der Zeit sichtbar. Die Zeit verschlingt ihre Kinder. Die Zeit hat Angst vor einem Nachfolger, Angst vor der Zukunft ...

Der alte griechische Mythos wirft ein Licht auf die bis heute feststellbare Angst der Menschen, die Zeit könne ihnen abhanden kommen. Und wir können es tatsächlich bis heute und im ganz normalen Alltag immer wieder beobachten: In einer Zeit, die nur nach dem „Chronometer“ gemessen wird, kann nichts aufblühen.“[9]

„Der andere Ausdruck für Zeit in der griechischen Tradition ist „kairos“[10]. Kairos beschreibt den rechten Augenblick, die Gelegenheit, den Vorteil, das rechte Maß. In Bildern wird dieser Gott mit einem kahlen Hinterkopf und einem Haarschopf auf der Stirn dargestellt. Damit wurde ausgedrückt, dass man dem Kairos von vorne begegnen muss und „die Gelegenheit beim Schopfe packen“ muss, sobald sie sich zeigt. Denn wenn dieser Augenblick vorbei ist, kann man ihn nicht mehr einholen.

---

9 GRÜN, Amseln, Im Zeitmaß der Mönche, Verlag Herder, Freiburg im Breisgau 2003, S. 9f

10 GRÜN, Anselm, a.a.O., S. 11

Die beiden Begriffe geben Beobachtungen und verschiedene Empfindungen über die Zeit wieder, die auch wir kennen. Das Zeitempfinden des Chronos drücken wir heute mit Worten wie Termindruck, Stress, Hetze, Zeitsparen aus.

Weil dieses Zeitempfinden von Angst motiviert ist, entwickelt es eine ungesunde Herrschaft, die mit Gewalt versucht, alles unter ihre Kontrolle zu bekommen. Dies sieht dann so aus: immer mehr in immer weniger Zeit erledigen, möglichst viele Dinge gleichzeitig durchführen, natürliche Reifeprozesse verkürzen zu wollen, eine immer größere Beschleunigung des Lebens.

Als „Tyrannei" ist diese Zeit erkennbar an ihren Auswirkungen: Druck, Ruhelosigkeit, innere Leere, das Empfinden, gelebt zu werden anstatt zu leben, und keinen Ausweg aus den Verpflichtungen zu finden. Dieses Zeitempfinden erstickt das Leben, das Zeit braucht, um sich zu entfalten. Und damit stirbt die Freude.

Doch wir kennen auch das Zeitempfinden des Kairos, des rechten Augenblicks. Beglückt stellen wir fest, wenn etwas gerade zum richtigen Zeitpunkt geschieht, und reden dann von „super Timing."

Den rechten Augenblick kennen wir auch als Wahrnehmung, was als nächstes dran ist. Wir spüren, wo bei uns oder anderen etwas reif ist, und sind fähig, Zeitfenster für bestimmte Dinge zu erfassen und zu nutzen. Und wir kennen Zeiten, Momente, die uns zutiefst erfüllen. Dann denken wir gar nicht mehr an die Zeit, sondern wir sind einfach in dem versunken, was wir gerade tun. Und das macht uns glücklich. Wir erleben die Zeit als erfüllt.

Geht es Ihnen ähnlich wie den alten Griechen? Erleben Sie auch diese Spannung zwischen negativem und positivem Zeitempfinden? Das eine erfahren wir als Unheil, das andere als Segen.

Zeit als wohltuendes Geschenk zu erleben, ist ein göttliches Geheimnis. Die vielen Bücher zum Thema Umgang mit Zeit, Entdeckung von Langsamkeit und Ruhe und Rückkehr zum Wesentlichen zeigen, wie groß der Bedarf und die Sehnsucht sind, dieses Geheimnis wieder zu entdecken und zu leben.

Wenn Sie sich auf den Weg machen, Ihre Berufung zu entdecken, wird Ihr Empfinden von Zeit und Ihre Definition von Zeit eine entscheidende Hilfe sein, Ihren Weg zu entdecken und zu gehen.

Die innere Klarheit und das Bild, das Sie über Ihre Berufung gewinnen, wird Ihnen helfen, sich mehr und mehr nach dem Kairos Gottes zu richten als nach äußeren Uhren, dem Druck oder den Erwartungen der anderen oder der eigenen Ungeduld.

Reisetagebuch:

Folgende Übung hilft Ihnen herauszufinden, welche Schritte Sie zu einem befreiten Umgang mit Zeit führen.

Was würde Ihnen helfen, Zeit als Geschenk zu empfinden, von dem genug da ist?

Was kann Ihnen helfen, von einem gejagten Zeitempfinden wieder zu der Gelassenheit und der gleichzeitig positiven Spannung des rechten Augenblicks zu finden?

2.6 Was Sie bewirken möchten

Manche Entscheidung wird leicht und klar, wenn wir vom Ende her denken.

Was möchten Sie mit dem Geschenk Ihres Lebens bewirken? Oder mit anderen Worten: Was soll sich in Ihrem Leben entfalten? Welche Lebensfrüchte würden Sie gerne ernten? Wofür möchten Sie Ihre Lebenszeit nutzen?

Das Geheimnis, Ihre Zeit zu nutzen, liegt nicht im Zeitmanagement. Zeitmanagement und Zeitplanung können Raum schaffen, doch sie lösen nicht das tiefere Problem. Das Gelingen unserer Lebens-Zeit liegt darin, sie mit den Augen des Schöpfers zu betrachten und sie wieder als Wohltat zu empfinden. Gott lädt Sie ein, nicht nur nach der Uhr zu leben, sondern den inneren Kompass, den er Ihnen gibt, neu zu entdecken.

Dieser Kompass hilft Ihnen, Ihre ureigenste Lebensspur in diesem Leben einzugraben. Er zeigt Ihnen, wie Sie das einmalige Bild sichtbar werden lassen können, das Gott sich von Ihnen gemacht hat.

Letztendlich sind es nicht die Uhren, die uns beeinflussen. Sie können es nur äußerlich. Was uns in einem viel tieferen Maß anleitet und in Bewegung bringt, ist das, was Gott in uns hineingelegt hat: Gottes Bild von uns.

Seine Gegenwart, sein Dasein, sein Mit-uns-Sein, sein Wirken, sein Zeitmaß ist Kompass, Quelle und Tankstation inmitten einer Welt, die uns Angst macht.

Ihre Lebens-Zeit ist in Gottes Händen. (Ps. 31,16) Das bedeutet, Gott hat die verschiedenen Zeiten Ihres Lebens in seiner Hand. Er hat die richtigen Zeiten für die verschiedenen Teile Ihres Lebens. Wenn Sie die Zeit und was sie mit sich bringt, aus seinen Händen entgegennehmen, befreit es Sie von einem Zeitempfinden, das von der Angst bestimmt wird.

Ihre Zeit ist in Gottes Händen, das heißt auch: Gott bestimmt den Anfang und das Ende Ihrer Lebenszeit hier auf der Erde.

Anselm Grün schreibt dazu: „Es kommt nicht darauf an, wie lange ich lebe. Entscheidend ist nicht, wie viel ich für die Menschen leiste. Es kommt einzig darauf an, in der Zeit, die mir verbleibt, meine ureigenste Lebensspur einzugraben, das einmalige Bild sichtbar werden zu lassen, das Gott sich von mir gemacht hat.“[11]

Ihre Zeit ist Gottes Geschenk an Sie. Das Wissen und Spüren von Gottes Geheimnis der Zeit, dass es bei ihm keine ungesunde Hetze und keinen zerstörerischen Druck gibt, sondern seine Zeiten Zeitfenster sind, in denen etwas herangereift ist und dann ergriffen werden muss,

wird Ihnen helfen, Ihr Leben bewusst zu genießen und unbeirrt zu leben. Es führt Sie in die Freiheit, das zu leben, was Ihnen wirklich wichtig ist, und Ihre ureigenste Lebensspur einzugraben und sichtbar zu machen;

- wird Sie in eine Haltung der Achtsamkeit und Behutsamkeit gegenüber Ihrem Leben und gegenüber dem Ihrer Mitmenschen führen;
- führt Sie von einem gejagten Zeitempfinden zu Gelassenheit und dem geduldigen Warten auf den rechten Augenblick. Es hilft Ihnen, in Abhängigkeit von Gott und seinem Zeitplan zu leben;
- befähigt Sie, immer wieder neu anzufangen, im Jetzt zu leben und durch gesunde Lebensrhythmen Balance zu schaffen zwischen Schnelligkeit und Ruhepunkten;
- weist Ihnen Ihre Lebensrichtung und hilft Ihnen in Ihre Berufung hineinzufinden.

Was möchten Sie mit dem Geschenk Ihres Lebens bewirken?

Die Erde ist nicht unser endgültiges Zuhause, wir wurden für etwas Besseres geschaffen. „Unsere Heimat aber ist im Himmel. Von dorther erwarten wir auch Jesus Christus, den Herrn, als Retter.“ (Phil. 3,20a) Gott hat uns dazu geschaffen, die Ewigkeit mit ihm zu verbringen. Unser Leben hier auf der Erde ist nur

11 GRÜN, Anselm, a.a.O., S.149

Durchgangsstation. Jesus konnte sein Leben hier loslassen, weil er wusste, er würde zu seinem Vater gehen.

Wie bei Jesus hat unser Leben einen Auftrag, einen Sinn, einen Zweck. Neben aller Erfüllung wird diese Berufung aber auch Schmerz, Leid und Opfer mit sich bringen.

Wenn Ihnen Ihr Auftrag wichtig und groß genug ist, wird er Ihnen so wertvoll sein, dass Sie bereit sind, dafür auf andere Dinge zu verzichten. Das können gesellschaftliche Anerkennung, Erfolg oder auch materieller Wohlstand sein.

Wie finden Sie das, was Ihnen so wichtig ist, dass Sie dafür bereit sind, anderes loszulassen?

Ihre Lebensrichtung wird leicht und klar, wenn Sie vom Ende her denken. Eine große Tragik unserer Gesellschaft ist, dass wir den Tod und das Sterben ausgeklammert haben. Sie würden uns helfen, innezuhalten und wahrzunehmen, was wirklich wichtig ist.

Durch das Sterben meines Vaters begriff ich, wie kurz und kostbar unser Leben hier ist. Danach fängt die Ewigkeit an. Ich bekam eine Ahnung, warum die Bibel immer wieder sagt, dass unser Leben hier auf der Erde nur ein Hauch ist, und dass wir töricht sind, wenn wir nicht von Gottes Dimension her denken lernen.

Das Denken daran, dass wir sterben müssen, ist kein Damoklesschwert, sondern eine Einladung, jeden Augenblick bewusst zu leben. Es lädt ein, das Geheimnis der Zeit und des Lebens zu schmecken. Es hilft uns erkennen, was wirklich wichtig ist. Es hilft uns entdecken, was wir mit unserem Leben bewirken wollen.

Reisetagebuch:

Die nächste Frage hilft Ihnen, Ihr Leben einmal vom Ende her zu betrachten.
Dabei erfahren Sie, was Ihnen wirklich wichtig ist und welche Werte Ihr Leben antreibt.

Stellen Sie sich vor, Sie sind bei Ihrer Beerdigung dabei. Was möchten Sie, dass über Sie erzählt wird? Sowohl über Ihren Charakter, als auch, was Sie mit Ihrem Leben bewirkt haben und hinterlassen.

Schritt 1:
Schreiben Sie auf, was Ihnen hierzu einfällt.

Schritt 2:
Sie haben nun die Möglichkeit, Ihre Antworten zu reflektieren und zu überprüfen, inwiefern Sie Ihre Werte noch für passend befinden.
Stellen Sie fest, ob Sie diese Ziele auch im Alltag verfolgen.

Resumée 2. Reiseabschnitt

In diesem zweiten Kapitel entdeckten Sie erste Hinweise auf Ihre persönliche Berufung.

▶ *Sie wissen nun*

- *was Sie an Ihrem Leben begeistert*
- *einiges über Ihre Einzigartigkeit und wie Sie diese bejahen können*
- *welche Umstände und Themen Sie motivieren und welcher kleine Traum darauf wartet, dass Sie ihn verwirklichen*
- *wie Sie Ihre Zeit als Geschenk erleben können*
- *was Sie mit Ihrem Leben bewirken möchten*

2.7 So kann es weitergehen

Der Weg hinein in ihre Berufung besteht aus vielen kleinen Schritten.

Sie wissen nun das Wichtigste über die Grundberufungen Ihres Lebens. Sie entdeckten die Grundprinzipien, wie Gott Sie in Ihre Berufung führt. Und Sie kamen in Berührung mit konkreten Hinweisen auf Ihre einzigartige Berufung.

An dieser Stelle erlebe ich bei Kursteilnehmern immer wieder eine Wegkreuzung. Manche Kursteilnehmer stellen fest: „Wow, Gott hat die Fragen, die mich veranlassten, nach meiner Berufung zu suchen, beantwortet. Ich bin nun wieder in Berührung mit dem, was ich leben möchte. Mein Herz ist zur Ruhe gekommen."

Andere stellen fest: „Ich weiß nun, was ich gerne tue. Und ich habe eine Ahnung davon bekommen, wer ich bin und was mir wichtig ist. Doch mit innerer Sicherheit und Gewissheit sagen, was meine Berufung ist, - das kann ich noch nicht. Ich möchte weiter herausfinden, wie meine Berufung konkret aussieht."

Die nun folgenden Kapitel beschreiben, wo Sie diese Berufungshinweise in Ihrem Leben finden können und wie Sie diese bündeln können. An Hand der Entdeckungen einer Kursabsolventin werden Sie erleben, wie solch ein Klärungsprozess ganz praktisch aussehen kann. Wie eine Landkarte oder ein Reiseführer möchten Ihnen die nun folgenden Seiten Orientierung geben und Lust wecken, Ihren eigenen Berufungshinweisen auf die Spur zu kommen. Vielleicht bekommen Sie schon unterwegs Lust auf das Aufspüren und Zusammenfassen Ihrer eigenen Berufungshinweise.

Unter der Telefonnummer 09842-953405 oder unter www.lebe-deine-vision.com können Sie das dafür von mir entwickelte Kursmaterial für Ihre eigene Entdeckungsreise bestellen.

Reisetagebuch:

Im ersten Kapitel erfuhren Sie das Wichtigste über die Grundberufungen Ihres Lebens. Sie entdeckten die Prinzipien, wie Gott Sie in Ihre Berufung führt.
Im zweiten Kapitel kamen Sie in Berührung mit konkreten Hinweisen auf Ihre einzigartige Berufung. Wie geht es Ihnen jetzt?

Sie sind nun an einer Wegkreuzung angelangt. Um zu entscheiden, wie Sie weitergehen möchten, lade ich Sie ein, den Weg, den Sie bisher gegangen sind, auszuwerten.

Was waren Ihre Fragen hinsichtlich Ihrer Berufung/-sfindung, die Sie zu Beginn des Buches bewegten?

Was hat sich geklärt? Was ist in Ihnen gewachsen?

Was ist noch offen?

Was brauchen Sie, um Ihrer Berufung weiter auf die Spur zu kommen?

TEIL II: PRAXISBEISPIEL

1. Hinweise auf Ihre Berufung aufspüren

Um
unsere Vision
leben zu können,
müssen wir
unsere Bestimmung
kennen.

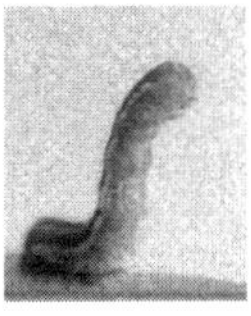

Liebe „Mirjam“,

vielen Dank für das Bereitstellen
deiner Lebensgeschichte
und deines Berufungsprozesses!

Ohne dich
wäre das Buch nie geworden,
was es jetzt ist.
All meine Worte
hätten nicht ausdrücken können,
was deine Geschichte deutlich macht.

Gott fülle dich
weiter mit dem Mut
und der Hoffnung,
deine Berufung zu leben.

1.1 Ihre einzigartige Herkunft

Es ist kein Zufall, dass Sie gerade in diese Zeit, in diese Generation, in diese Familie, in diese Nation hinein geboren wurden.

Sie sind eine Persönlichkeit mit Vergangenheit. Da ist zum einen Ihre eigene Geschichte. Doch da ist auch die Geschichte und das Erbe Ihrer Vorfahren. Sie fließt in Ihre Geschichte ein. Manchmal wurden über Generationen bestimmte Fertigkeiten und Gaben ausgebaut und weitergegeben. Mitunter ist es ein bestimmtes Thema, das Generationen dieser Familie beschäftigt und prägt.

Schauen wir uns Biografien in der Bibel an, werden wir feststellen, dass Gottes Berufungsweg zuweilen schon vor der Geburt beginnt, und zwar mit den Eltern des Kindes.

Samuel, einer der großen Propheten Israels, war die Gebetserhörung seiner unfruchtbaren Mutter Hanna. Sie versprach Gott, ihm ihren Sohn zu weihen, wenn sie schwanger würde. Das hochbetagte Ehepaar Zacharias und Elisabeth bekam Johannes, der später als Johannes der Täufer der Ankündiger und Wegbereiter Jesu wurde. Auch Jesus wurde seinen Eltern durch einen Engel und einen Traum vorausgesagt. Beiden Ehepaaren wurde die Berufung ihres Kindes mitgeteilt. Und sie wurden in ihre eigene Berufung geführt, indem sie ihre Kinder im Sinne Gottes großzogen.

Im Gegensatz zu unserem heutigen individualistischen Selbstverständnis sahen sich die Menschen der Bibel wie viele andere Kulturen und Generationen vor uns mit dem Leben ihrer Vorfahren verwoben. Von Generation zu Generation gaben die Israeliten z.B. ihre Berufung weiter, dass sie Gottes auserwähltes Volk sind. Der Einzelne sah sich als Glied in einer Kette.

Dieser Anschauung liegt die Tatsache zugrunde, dass ein Mensch mit seinem Leben, sei es bewusst oder unbewusst, willentlich oder unwillentlich, immer das Erbe seiner Vorfahren antritt und es fortführt. Das betrifft nicht nur das genetische oder finanzielle Erbe, sondern auch das geistliche Erbe. An der Geschichte des Volkes Israel erkennt man besonders gut, wie das Leben einer Generation das Leben der nächsten Generation beeinflusste. Gehorsam und Vertrauen gegenüber Gott wirkten sich ebenso aus wie Misstrauen, Selbstsucht und Abfall von Gott.

Das Leben und der Gehorsam der Generationen vor uns beeinflussen unser Leben. Und ebenso wird unsere Treue und Hingabe sich auf die Generationen nach uns auswirken.

Es ist kein Zufall, dass Sie gerade in diese Zeit, in diese Generation, in diese Familie, in diese Nation hinein geboren wurden. Kann es sein, dass zwischen Ihrem Lebensauftrag und dem Ihrer Familie und Nation ein Zusammenhang besteht? Solch ein Zusammenhang kann sehr ermutigen und bestärken.

Manchmal werden aber auch die Träume und Berufungen der Vorfahren fälschlicherweise als "Muss" weitergegeben. Solch eine unbewusste oder bewusste Prägung sind z.B. die Wünsche unserer Eltern für unser Leben. Manchmal haben diese etwas mit ihren eigenen unerfüllten Wünschen und Träumen zu tun. Dieses Leben, das sie nicht leben konnten, kann mehr Einfluss haben als das, was sie getan haben.

Von daher ist es wichtig, dass wir entdecken, welche unserer Träume und Wünsche unsere eigenen sind, und welche die nicht gewollten "Kuckuckseier" unserer Eltern oder Großeltern sind.

* * *

Verblüfft sieht Mirjam auf das Blatt vor ihr. „Ich habe den Traumberuf meiner Großmutter verwirklicht. Gegen den Widerstand meiner Eltern, dir mir beide einen Beruf mit einem sicheren, strukturierten Rahmen ohne Schichtdienst wünschten, wurde ich Kinderkrankenschwester." 32 Jahre ist sie nun alt, verheiratet, Familienfrau mit zwei Kindern, ehrenamtlich in der Gemeinde engagiert. Die Kinder gehen in die Schule und in den Kindergarten. Mirjam möchte ihre frei gewordene Zeit und Kraft gerne wieder außerhalb der Familie einsetzen. Doch wo und wie? Das war die Frage vor ein paar Monaten.

Natürlich wäre es naheliegend, wieder als Kinderkrankenschwester zu arbeiten. Doch hier spürte sie in sich einen hartnäckigen Widerstand. Dann hatten sich die Ereignisse überschlagen. Die Konflikte und Probleme in der Gemeinde mehrten sich. Und so verrückt es klingt: Sie motivierte es, Lösungen zu finden. Ihre Gemeinde brauchte wieder Hoffnung, ein gemeinsames Ziel, eine Vision. Und vor allem musste endlich der lang schwelende Konflikt mit dem Pastor geklärt werden. Sie brauchten Hilfe von außen.

Nun war sie für die Wahl in das Leitungsteam der Gemeinde aufgestellt worden. Was, wenn sie gewählt wurde? Sollte sie dieses Ehrenamt wirklich einem zusätzlichen Familiengehalt vorziehen? Richard war lange arbeitslos gewesen und sie hatten sich die letzten zwei Jahre sehr einschränken müssen. Doch ihr Herz zog sie in Richtung Gemeinde.

Gegen die Vorstellungen ihrer Eltern für ihr Leben hatte sie sich schon vor Jahren abgegrenzt. Nun musste sie sich von der Person abgrenzen, die sie in ihrer Familie am meisten geprägt und bewundert hatte. „Es war also der Traumberuf meiner Großmutter." Irgendwie entlastete sie diese Erkenntnis. Sie gab ihr Freiheit, ihren eigenen Weg zu gehen.

Diese Aufgabe, ihre Herkunft und ihr familiäres Erbe zu erforschen, öffnete ihr die Augen, machte ihr Mut und setzte sie frei, ihre Familie und besonders ihren Vater mit barmherzigen Augen zu sehen. Neben allem negativen Erbe, das ihr so viel Schmerz in ihrer Kindheit und Jugend bereitet hatte, entdeckte sie nun ihr positives Familienerbe: das brennende Herz für Gott und die Gemeinde, die Liebe zur Musik und Natur und die große handwerkliche, musische und kreative Begabung.

Die Übung offenbarte auch in feiner Weise das belastende Erbe, das an sie herangetragen worden war: Angst. Angst vor Menschen, Angst vor Nähe, Angst vor Fehlern war in ihrer

Familie eine Schlüsselmotivation gewesen. Jedes Eltern- oder Großelternteil hatte ein eigenes, nicht gerade gesundes Lebensmotto entwickelt, um mit diesen Ängsten fertig zu werden. Seit ihrer Kindheit hatte sie sich gegen diese Ängste und ihre Auswirkungen gewehrt. Nun entdeckte sie, ihr Mut, ihre feine Antenne für Stimmungen und dafür, wo in Beziehungen etwas faul ist, waren Fähigkeiten, die ihr auf Grund dieses Familienerbes zugewachsen waren. Es war die Not der Ängste ihrer Eltern und Großeltern, die in ihr den Entschluss reifen ließ, sich nicht länger von diesen Ängsten beherrschen zu lassen. Sie wollte ein Leben so leben, wie Gott es gemeint hatte: beziehungsreich und konfliktfähig.

In ihr wuchsen eine große Dankbarkeit und ein Staunen über Gott. Denn nun sah sie, was an Gutem Gott durch die eigentlich negativen Umstände in ihr hatte wachsen lassen.

Von ihren Eltern hatte sie ihre Fähigkeit gelernt, sich abzugrenzen. Und ihr Vater hatte ihr durch seine kreativen Bau- und Gestaltungsideen in Haus und Garten vermittelt: Irgendwie schafft man es immer. Seine Ideen waren oft völlig verrückt und alle hatten sich immer gefragt: Wie soll das nur funktionieren? Doch er kriegte es immer hin. Durch dieses mutige Wagen und Umsetzen von Ideen hatte sie ihre tiefe Fähigkeit gewonnen, Probleme anzugehen und kreativ zu lösen. Plötzlich begriff sie: Es war diese Fähigkeit, die sie nicht vor den Problemen in der Gemeinde zurückschrecken ließ, sondern sogar motivierte, sich einzubringen.

1.2 Ihre Geschichte

Gott möchte, dass alles, was Ihnen begegnet und was Sie erleben, zu Ihrem Besten dient.

Hinter Ihnen liegen Jahre Ihrer ganz persönlichen Lebensgeschichte. Sie ist einzigartig. Viele Menschen und Ereignisse haben Sie geprägt. Und Sie haben Fähigkeiten und Kompetenzen erworben. Da gab es einschneidende Erfahrungen und Erkenntnisse. Zeiten des Glücks, der Entfaltung und Geborgenheit wechselten mit schmerzlichen Lebensphasen, Unruhezeiten und Krisen. Und in alledem war Gott dabei; ja sogar noch mehr als nur dabei.

In den weisen Spruchsammlungen des Alten Testaments lesen wir in Sprüche Kapitel 15, Vers 9: „Des Menschen Herz erdenkt sich seinen Weg, aber der HERR allein lenkt seinen Schritt." Gott lenkte Ihre Geschichte. Das bedeutet **nicht**, dass er wie ein Marionettenspieler Sie nach seinem Gutdünken unter seinen Fäden bewegte. Nein, Sie sind keine Marionette. Sie sind seine Schöpfung, sein Mensch, den er liebt und mit dem er Beziehung haben möchte. Dieser Satz bedeutet, dass Sie keinem blinden Schicksal ausgeliefert sind, sondern dass der allmächtige und allgegenwärtige Gott über Sie wacht.

Er achtet Ihre Willensfreiheit und Ihre Entscheidungsfreiheit. Und doch hat er auf Sie Acht. Er möchte, dass alles, was Ihnen begegnet und was Sie erleben, zu Ihrem Besten dient. Darauf hat er Acht. Und es tritt ein, wenn Sie Gott das glauben und ihm darin vertrauen. Als der Allmächtige und als der Liebende lenkt er Ihre Lebensgeschichte und -umstände und die der ganzen Welt. Gott regiert und doch überlässt er uns unsere Verantwortung.

Gott wirkte in Ihrer Lebensgeschichte. Es ist wichtig, dass Sie das Wirken Gottes in Ihrer Vergangenheit erkennen, denn es wird Ihnen helfen, seine Absichten für Ihre Zukunft zu sehen. Die Botschaft Ihres Lebens erwächst aus ihrer Lebensgeschichte. Das, was Ihnen wichtig ist und was Sie mit Ihrem Leben über

Gott und das Leben bezeugen können, ist das Ergebnis Ihrer Erfahrungen und Ihrer Geschichte mit Gott.

* * *

Sprachlos schaute Mirjam auf den Zeitstrahl, der ihre bisherige Lebensgeschichte darstellte. Klar und deutlich konnte sie verschiedene Lebensabschnitte erkennen. Die wichtigsten Ereignisse und Erfahrungen dieser Phasen lagen nun sichtbar vor ihr. Da war ihre Kindheit bis zum zehnten Lebensjahr. Sie war leicht und schön.

Als sie auf das Gymnasium kam, brach für sie eine dunkle und schwere Zeit an. Ihr Vater wurde alkoholkrank und sein Verhalten war immer wieder eine Quelle der Unsicherheit für sie und ihre Schwester. Oft saß sie mit ihrer Schwester im Kinderzimmer, wo sie angstvoll dem Streit ihrer Eltern lauschten. Auch zwischen ihren Eltern und den Großeltern, die mit im Haus wohnten, herrschte dicke Luft. Und zwischen ihrer Schwester und ihrem Vater gab es ebenfalls ständig Streit. Das Klima zuhause war vergiftet, die Beziehungen untereinander waren kaputt. Ihre Mutter handelte nach dem Motto: Ich traue niemandem und tue meine Pflicht. Ihr Vater traute ebenfalls niemandem und lebte nach dem Motto: Ich bleibe für mich und falle niemandem zur Last. Ihre eine Großmutter versuchte, über alle zu herrschen, und die andere ging um des lieben Friedens willen den unteren Weg.

Man bemühte sich um Frieden, doch es war ein falscher Friede. Das Schlimmste für sie war, dass alle Familienmitglieder nach außen eine heile Welt vorspielten und sie über den Streit zuhause und die Not nicht reden durfte. Das erzeugte einen ungeheuren Druck. Da sie sich niemandem mitteilen konnte, empfand sie sich immer mehr isoliert und einsam. Diese Phase der dunklen und schweren Kindheit dauerte, bis sie 21 war und Richard heiratete.

Über die nächste Phase musste sie schmunzeln. Denn die Ereignisse zwischen 21 und 29 Jahren mit verschiedenen beruflichen Stationen als Kinderkrankenschwester und der Geburt ihrer Kinder Sven und Ronja bezeichnete sie als Jugendzeit und schwebenden Zustand. Natürlich war sie vom Alter her keine Jugendliche gewesen, doch erwachsen wurde sie erst, als mit ca. 30 Jahren ein Heilungsprozess begann.

Als sie Richard heiratete, verschwand das Gefühl der Isolation. Äußerliche hatte sie sich von ihren Eltern gelöst. Doch innerlich fühlte sie sich in diesen Jahren unruhig und unsicher. Sie konnte kaum Beziehungen zu anderen aufbauen und hatte Angst vor allem und jedem. Als die Kinder kamen, merkte sie: So, wie ich bin, kann ich ihnen nicht zum Leben verhelfen. Der Druck dieses Erlebens wurde so groß, dass sie zu einer christlichen Therapeutin ging. Ein Heilungsprozess begann.

Das war vor drei Jahren. Viel hatte sich in dieser Zeit des innerlichen Erwachsenwerdens getan. Ihre Ängste hatte sie nach und nach verloren. Zusammen mit ihrem Mann machte sie eine Seelsorgeausbildung und arbeitete intensiv an ihrer Geschichte.

Der Zeitstrahl ihrer Lebensgeschichte zeigte vier tiefe Einschnitte. Jedes Mal hatte sie hier, ausgelöst durch Druck, Chaos oder schwierige Kommunikationssituationen eine Zeit der Depression, der Einsamkeit, der Leere und der Orientierungslosigkeit erlebt. Jetzt im Rückblick erkannte sie, dass Gott diese schmerzvollen Zeiten der Depression benutzt hatte, um sie in Bewegung zu bringen und sich nach Heilung auszustrecken. Und eigentlich lag auch hier ihre Lebensbotschaft, das, was sie anderen aus tiefstem Herzen bezeugen konnte: Es ging in ihrem Leben durch enge, tiefe Täler. Doch Gott schenkte ihr immer wieder neu Hoffnung, Mut, Heilung und Freude für ihr Leben.

1.3 Ihre einzigartige Gabenkombination

> ***Ihre einzigartige Gabenkombination hat Ihnen Gott mitgegeben auf den Weg in Ihre Berufung.***

Jeder von uns hat nicht nur eine einzigartige Geschichte, einen einzigartigen Körper, eine einzigartige DNS, jeder von uns hat auch eine einzigartige Kombination von spirituellen, geistlichen, geistigen, praktischen und emotionalen Begabungen und Eigenschaften. Dies macht uns zu etwas Besonderem. Nie zuvor in der Geschichte der Menschheit gab es ein „Paket“ wie Sie und es wird Sie auch kein zweites Mal geben.

Diese Gabenkombination herauszufinden ist eine weitere wichtige Aufgabe auf dem Weg der Berufungsfindung. Zu dem Wissen, wer Sie sind und was Ihre Berufung ist, gehört das Wissen um Ihre Hauptbegabungen.

▶ *Ihre Gaben der Kindheit*

Der Ausgangspunkt für die Suche nach unseren Talenten liegt in der Kindheit. Kinder haben ein intuitives Wissen von dem, was ihnen liegt. „Unverkopft“ tun sie das, was ihnen Vergnügen bereitet und leicht fällt. Sie leben einfach ihre Begabungen. Und oft haben sie im Alter zwischen fünf und sieben Jahren sehr konkrete Vorstellungen, was sie einmal werden möchten.

▶ *Ihre weiteren Begabungen*

Häufig erkennen wir unsere natürlichen Begabungen nicht als solche, weil sie so selbstverständlich sind. Manchmal verbirgt sich dahinter auch die Vorstellung, dass man seinen Lebensunterhalt im Schweiße seines Angesichtes verdienen muss. Dieses Denken hindert, etwas auszuüben, was man gerne tut und was einem leicht fällt.

Manche weisen die Anerkennung anderer zurück, weil für einen selber die Dinge banal und selbstverständlich scheinen. Oft sind es Nebenbemerkungen unserer Mitmenschen wie „ Oh, du kannst aber gut ...“, die uns hier Hinweise geben.

▶ *Ihre natürlichen Motivationsfähigkeiten*
Jeder Mensch besitzt Fähigkeiten, zu denen er tief von innen heraus motiviert ist. Wenn er diese Tätigkeiten ausübt, kosten sie ihn keine Energie, vielmehr geben sie ihm Energie. Oft übt er sie ganz automatisch aus, ohne nachzudenken.

Sicher kennen Sie Leute, die Stunden freiwillig vor dem PC verbringen, an ihrem Auto „herumbasteln" oder mit Leuten telefonieren.

Motivationsfähigkeiten können im Bereich Umgang mit Menschen, Informationen, Material/Maschinen oder im Bereich Kreativität liegen.

▶ *Ihre erworbenen Fähigkeiten*
Unser Leben teilt sich auf in verschiedene Lebensbereiche. Je nach Lebensbereich wurden unterschiedliche Fähigkeiten gefördert und gefordert. Schule, Ausbildung, Studium und Beruf lassen uns noch einmal ganz eigene Fertigkeiten erwerben. Dies sind zum einen Fachkompetenzen, aber auch Fähigkeiten hinsichtlich der Art, wie wir uns etwas aneignen. Es sind Fähigkeiten im Umgang mit Menschen, mit Informationen, dem Lösen von Herausforderungen und Konflikten. Wie gut wir dieses Potenzial einsetzen können, hängt davon ab, wie sehr wir uns mit Umständen umgeben, die uns motivieren.

▶ *Ihre spirituellen Zugänge*
Als Gott Sie erschuf, hat er Ihnen nicht nur Anlagen für ganz praktische Fertigkeiten mitgegeben. Er stattete Sie auch mit spirituellen Fähigkeiten aus. Damit meine ich Ihre Fähigkeiten, Gott in ganz besonderer Weise wahrzunehmen. Ist das denn möglich? Kann das denn sein?

Paulus, ein Missionar und Gemeindegründer, von dem uns das Neue Testament erzählt, hält dies für möglich. Als er in Athen auf dem Areopag die Leute anspricht, erzählt er ihnen mehr von dem „unbekannten Gott", dem sie einen eigenen Tempel errichtet hatten und den sie verehren, obwohl sie ihn nicht kennen: Dieser ihnen unbekannte Gott sei der Gott des Himmels und der Erde. Er habe die Menschen geschaffen. Er habe die Menschen ins Leben gerufen, „damit sie Gott suchen sollen, ob sie ihn wohl fühlen und finden könnten; und fürwahr er ist nicht ferne von einem jeden von uns. Denn in ihm leben, weben und sind wir."(Apg. 17,27-28) Paulus gibt hier das Wissen weiter: Gott möchte, dass wir ihn spüren und finden.

Doch wie sieht das praktisch aus?

In seinem Buch „Sacred Pathways"[12] beschreibt Gary Thomas, wie wir Menschen Gottes Nähe und Gegenwart durch unterschiedliche „Kanäle" erleben. Manche erleben ihn am intensivsten in der **Schöpfung**. Automatisch fangen sie an, mit ihm zu reden, wenn sie durch den stillen Wald gehen, ein Reh beobachten oder einem Sonnenuntergang zugucken. Dieser Kanal „Natur" führt sie in Gottes Gegenwart. Hier kommen Sie zur Ruhe. Hier formen sich in ihren Herzen Ehrfurcht und Staunen. Hier wird ihr Herz ruhig und sie können Gottes Stimme hören. Die Begegnung mit Gott in der Schöpfung vertieft ihre Beziehung zu Gott.

Andere erleben Gott besonders intensiv in **Gemeinschaft** mit anderen Menschen. Allein Bibel zu lesen oder zu beten, ist für sie mühsam. Doch sobald sie das zusammen mit anderen tun können, blühen sie auf. Sie erleben Gottes Nähe, Wirken und Reden am intensivsten, wenn sie sich mit anderen austauschen.

Wieder andere müssen viel allein sein und brauchen diese Zeit zum Nachdenken, Reden mit Gott, Schreiben. Ihr „Kanal" zu Gott ist die **Kontemplation**.

Genau das Gegenteil, nämlich Herausforderungen und **Aktion** brauchen andere Menschen. Sie gehen mit einem höheren Lebenstempo durchs Leben. Die Herausforderungen, in die sie sich stürzen, und der Einsatz aller ihrer Kräfte lässt sie Gottes Nähe und Hilfe suchen und erleben. Sie brauchen diese Herausforderungen, um von Gott abhängig zu sein. Diese Leute fühlen sich Gott ganz nahe, wenn sie schnell durchs Leben jagen und bis in die Haarspitzen beansprucht sind.

---

12 THOMAS, Gary L., Sacred Pathways – Discover Your Soul´s Path To God, Zondervan Publishing Company

Menschen mit einem **intellektuellen Zugang** zu Gott brauchen herausfordernde schwierige Texte und Gedanken. Sie lieben es zu forschen und „nachzugraben“.

Manche fühlen sich Gott am nächsten, wenn sie erleben, dass Gott sie beschenkt, während sie anderen dienen. **Dienen** ist ihr Weg, auf dem ihre Freundschaft und Beziehung zu Gott wächst.

Und dann gibt es Menschen, die die Fähigkeit haben, Gott in der **Anbetung** näher zu kommen. Durch Musik oder Texte konzentrieren sie sich auf die Größe Gottes. In diesem Betrachten und Staunen, wer Gott ist und wie er ist, spüren sie und tanken sie seine Nähe.

Wieder andere nehmen Gott in der **Kreativität** oder im Erleben der Kunst wahr. Sie begreifen und erfassen Gott besser und tiefer, wenn sie tanzen, malen, töpfern, bildhauern ...

All dies sind Fähigkeiten, Geschenke, mit denen Gott uns ausgestattet hat. Wie alle anderen Gaben wachsen sie, wenn wir sie gebrauchen. Die meisten Menschen haben einen primären Zugang zu Gott, aber auch noch einen zweiten und dritten. Wenn wir in unsere Berufung mehr und mehr hineinwachsen wollen, ist es wichtig, dass wir Gott kennen und sich unsere Beziehung und unser Vertrauen zu ihm immer mehr vertieft.

Unsere Berufung ist in Gott. Erinnern Sie sich? Von daher ist es wichtig, dass wir unsere Zugänge zu Gott pflegen und vertiefen. Und es ist hilfreich, sich nicht nur auf einen Kanal festzulegen, sondern weitere Zugänge auszuprobieren.

Ihre einzigartige Gabenkombination

Auch wenn Sie noch mehr über sich entdecken können - in der Vielzahl Ihrer Begabungen gibt es einen „roten Faden“: Ihre Haupttalente.

Wenn Sie all die Gaben Ihrer Kindheit, Ihrer natürlichen Begabungen, Ihrer erworbenen Fähigkeiten, Ihrer Motivationsgaben und Ihrer spirituellen Zugänge aufschreiben, werden Sie entdecken, dass bestimmte Fähigkeiten sich häufen. Dies sind Ihre Haupttalente. Was sind Ihre vier wichtigsten Talente?

Die Einzigartigkeit dieser Gabenkombination ist etwas, das nur Sie haben und anbieten können. Dieses Wissen ist sehr wichtig für den beruflichen Bereich. Laurie Beth Jones nennt diese einzigartige Gabenkombination „Ihr einzigartiges Verkaufsmoment."[13]

Diese Gabenkombination ist wie Davids Schleuder, mit der er wilde Tiere und schließlich den Riesen Goliath tötete. Sie kommt zum Einsatz, wenn es brenzlig wird oder Sie schlichtweg Ihrer Mission nachgehen.

Der Umgang mit Ihren Gaben

> ***Je mehr wir der Fähigkeit an sich oder uns selber dienen, desto mehr nimmt die Kraft der Gabe ab.***

Der Umgang mit unseren Fähigkeiten und Talenten bringt Freude. Das, was uns liegt, macht Spaß und wir erleben Erfolg. Das tut uns gut. Oft bekommen wir deswegen Lob und Anerkennung von unseren Mitmenschen.

Der Umgang mit unseren Gaben birgt auch Herausforderungen. Manche Menschen denken: „Jede Gabe ist eine Aufgabe."

Ist das richtig? Ist das reell? Haben wir dafür überhaupt die Zeit? Wie denken Sie darüber? Ich denke, dass die Aussage dieses Satzes nicht stimmt. Gott hat Sie mit Ihren Gaben beschenkt und ausgerüstet, damit er Sie als Kanal benutzen kann, anderen Menschen zu dienen und sein Reich zu bauen. Doch Gott überfordert Sie nicht.

Erinnern Sie sich an den Bibelvers Epheser 2, Vers 10 mit den „vorbereiteten Werken"? Nicht jede Ihrer vielen Gaben ist jederzeit nötig.

---

13 JONES, Laurie Beth, The Path – Creating your mission statement for work and for life, 1996, S. 41f

Das fällt uns manchmal aber gar nicht so leicht zu akzeptieren, dass unsere Fähigkeiten im Moment nicht „gefragt" sind. Eine Ursache kann sein, dass wir uns zu sehr über unsere Gaben definieren. Kommen Sie nicht zum Einsatz, fühlen wir uns minderwertig oder nicht geschätzt. Wir benutzen unsere Gaben, um uns selbst zu dienen, z.B. unserem Selbstwertgefühl. Das Problem dabei ist: Gott ist nicht mehr der Absender und wir sind nicht mehr der Kanal seiner kraftvollen Liebesgabe und Hilfe. Wir selber machen uns mehr und mehr zum Absender. Doch was fließt, hat nicht die Qualität und Kraft Gottes.

Jesus wusste um diese Gefahr. Immer wieder versuchen die Leute ihn zu überreden, bestimmte Dinge zu tun. Doch er weist sie zurück und sagt ihnen, dass „er nur tut, was er den Vater tun sieht" (Joh. 5,19). Eindringlich weist er seine Jünger darauf hin, dass das auch für sie gilt. Auch sie können ohne Gott nichts tun. In einem Bild versucht er ihnen diese Tatsache zu verdeutlichen. Er sagt: „Ich bin der Weinstock, ihr seid die Reben. Wer in mir bleibt und ich in ihm, der bringt viel Frucht, denn ohne mich könnt ihr nichts tun." (Joh. 15,5)

Eine der größten Herausforderungen im Umgang mit Ihren Gaben ist es daher, sie immer und immer wieder Gott zur Verfügung zu stellen, dass Sie ihn fragen, wann und wo Sie sie einsetzen sollen. Dies ist ein Reifeprozess. Eine weitere Hilfe dabei ist die Erkenntnis, zu der Paulus gelangte, als Gott ihm eine ziemlich schwere Beeinträchtigung seines Dienstes (er nennt es „Pfahl im Fleisch") nicht wegnahm. Was er damals lernte und was Gott ihm auf seine flehenden Bitten hin antwortete, teilt er den Christen in Korinth mit. „Aber er (Gott) hat zu mir gesagt: Verlass dich ganz auf meine Gnade. Denn gerade wenn du schwach bist, kann sich meine Kraft an dir besonders zeigen. Darum will ich vor allem auf meine Leiden und meine Schwäche stolz sein. Dann nämlich wirkt die Kraft Christi an mir."(2. Kor. 12,9f Hfa) Gottes Kraft sieht man am besten in schwachen Menschen.

Diese Erkenntnis sagt: Wenn wir unser Potenzial für nicht mehr so wichtig nehmen, öffnet sich das Tor zu Gottes Potenzial. So sind wir einzigartig begabt und doch abhängig. Gott möchte mit Ihnen zusammenarbeiten. Teamwork mit Gott: Das bedeutet, sich an seinen Gaben zu freuen, sie bewusst einzusetzen und doch die Abhängigkeit zu Gott auszuhalten, ja genießen zu lernen. Das ist ein Lern- und Reifeprozess, der sich lohnt.

So rettet Gott sein Volk Israel durch einen Hirtenjungen: David besiegt Goliath. So gibt Gott verkauften und ausgesetzten Mädchen in China Geborgenheit, Liebe und ein Heim durch eine Gladys Aylward. So ermutigt Gott Tausende von Menschen durch das Lied eines Dietrich Bonhoeffer „Von guten Mächten wunderbar geborgen“. Und darüber hinaus geschehen die vielen tausend täglichen, ungenannten Wunder, in denen Gottes Liebe, Hilfe und Kraft sichtbar wird.

* * *

Mirjam blickte auf das vor ihr liegende Arbeitsblatt. Die Mühe, mal alle ihre Fähigkeiten aufzulisten, hatte sich gelohnt. Grinsend stellte sie fest, dass manche Fähigkeiten sich wirklich durch alle Gabenbereiche ziehen.

Die vier wichtigsten Fähigkeiten ihrer Kindheit sind Kreativität, Teamwork, strategisches Denken und Sport. Sport und Kreativität gehören auch zu ihren vier wichtigsten weiteren Gaben. Bevollmächtigende Leitung und Musik entdeckte sie ebenfalls in diesem Bereich. Ihre vier wichtigsten Motivationsgaben sind Überzeugen, Dekorieren, Verbessern/Anpassen und Kreativ Denken. Die relevantesten beruflichen Fähigkeiten, die sie entwickelte, sind Leiten und Anleiten, kreativ Probleme lösen, Verbesserung herbeiführen und Infos wahrnehmen und aufnehmen. Letzteres ist nah verwandt mit dem, wie sie Gottes Reden und Nähe am intensivsten erlebt, nämlich durch intellektuellen Input und durch Aktivität.

Als nächsten Schritt wählt sie aus dieser Liste noch einmal die vier wichtigsten Gaben aus. Sie blickt auf das Papier. Das sind also die wichtigsten Fähigkeiten, mit der Gott sie für ihre Berufung, ihr Tun, ihr Leben ausgerüstet hat:

- Teamwork
- Leiten / Anleiten
- Kreativ Probleme lösen
- Intellektueller geistlicher Input

Nachdenklich blickt sie auf die Begriffe. In sich spürt sie Freude und Bestätigung. Ja, genau das sind die Dinge, die sie am besten kann. Und genau das wird in der Leitung ihrer Gemeinde benötigt.

Zwei Jahre später telefoniere ich mit Mirjam. Ich erkläre ihr, dass ich das Trainingsprogramm zur Berufungsfindung in einem Buch zusammenfasse. „Mirjam," sage ich, „kannst du mir sagen, inwiefern es noch heute für dich wichtig ist, dass du damals dei ne Haupttalente entdeckt hast?" Mirjam schweigt. Dann antwortet sie: „Es gibt mir Sicherheit. Manchmal sitze ich heute in der Gemeindeleitung und frage mich, was mache ich hier eigentlich? Weißt du, anfangs waren viele begeistert von dem, was ich einbrachte und anstieß. Ich bekam viel Lob. Doch als ich anfing, für die Gemeinde unangenehme Dinge anzugehen, erntete ich Widerstand und Kritik. Das frustriert mich.

Es gibt mir Mut und Sicherheit, meine Hauptbegabungen zu kennen. Es hilft mir, dazu zu stehen. Das ist es, was mir Gott gegeben hat. Es macht mich unabhängig vom Lob und der Bewunderung der Anderen. Wenn ich meine Haupttalente selber weiß, ist das immer gut, denn dann muss ich es mir nicht von anderen sagen lassen. Das zu kapieren habe ich jedoch einige Zeit gebraucht."

1.4 Ihr Enthusiasmus

Gesunde Leidenschaft, Enthusiasmus ist das, wofür Sie brennen, wenn Sie „in Gott" sind.

Die vorhergehenden Kapitel haben Sie eingeladen, Ihren ganz besonderen Talenten und Ihrer einzigartigen Herkunft und Geschichte auf die Spur zu kommen. Dieses Kapitel möchte Sie ermutigen, Ihre Leidenschaft zu entdecken und zu nützen.

Ihre Leidenschaft zu entdecken ist sehr wichtig. Denn wenn Sie für Ihre Berufung und Ihren Auftrag keine Leidenschaft empfinden können, sind Sie nicht auf dem richtigen Weg. Das Wort „Enthusiasmus" leitet sich von dem griechischen Wort „en" und „theos" ab. Dies bedeutet „in Gott".

Gesunde Leidenschaft, Enthusiasmus ist das, wofür Sie brennen, wenn Sie „in Gott" sind. Es ist Kraft, Energie, Begeisterung, Engagement, die Sie bei bestimmten Dingen aufbringen und verspüren. Ähnlich wie Motivationsgaben und motivierende Umstände ziehen Sie diese Dinge unbewusst an. Sie suchen sie, denn sie füllen Sie mit Energie und Befriedigung.

Diese Leidenschaft spüren Sie aber auch, wenn Sie in Berührung mit Dingen kommen, die Sie hassen. Denn dann wird etwas mit Füßen getreten oder außer Acht gelassen, was Ihnen absolut wichtig ist. Am schnellsten spüren Sie das über Ihre Reaktion von Zorn, Ärger oder Wut. Was macht Sie ärgerlich oder wütend? Diese Gefühle setzen Energie frei, um das zu bekämpfen, was Sie an dieser Welt stört. Wirklich effektiv werden Sie, wenn Sie diesen Dingen, die Ihnen zuwider sind, das entgegensetzen, was Sie an dieser Welt begeistert. Dann bekämpfen Sie nicht nur etwas, sondern Sie kämpfen für etwas. Sie stehen und treten für etwas ein. Für was stehen und treten Sie mit Begeisterung ein?

* * *

Mirjam blickte von ihrem Arbeitsmaterial auf und sah durch das Fenster auf den großen Kastanienbaum, dessen rosa Kerzen gerade in voller Blüte standen. Sie hatte den Eindruck, dass Sie in den letzten Wochen ebenfalls aufblühte. Immer klarer entdeckte Sie den roten Faden ihres Lebens. Sie war sich ihrer Wurzeln, ihres Familienerbes bewusst geworden. Dankbar blickte sie auf die Stärken Kreativität, Sport und strategisches Denken, die ihr weitergegeben worden waren. Motiviert durch das negative Erbe ihrer Familie hatte sie zusätzlich ihre ganz eigenen Stärken und Werte, wie z.B. Teamwork entwickelt.

Dann hatte sie durch das Betrachten ihrer Lebensgeschichte entdeckt, dass Gott bei ihr Entwicklungsschübe durch Zeiten der Angst und Isolation initiierte. Das waren anscheinend die Umstände, die sie brauchte, um vorwärts zu gehen, zu wach sen und sich in das hineinzuwagen, wonach sie sich sehnte. Im Durchleben dieser tiefen, engen Täler hatte sie erfahren, dass Gott ihr immer wieder neu Hoffnung, Mut, Heilung und Freude für ihr Leben schenkte. Ihre Lebensgeschichte empfand sie wie diesen Stamm, der sich nach oben streckte.

Aus diesen Stamm ragten wie vier starke Äste ihre jetzigen Hauptbegabungen Teamwork, Leiten, kreativ Probleme lösen und intellektueller geistlicher Input in den Himmel. Und jetzt sah sie, wonach diese strebten und so leidenschaftlich wuchsen. Es waren die Dinge, für die ihr Herz mit Leidenschaft schlug.

Fasziniert blickte sie auf das Ergebnis, was sie an dieser Welt am meisten begeisterte. Circa 40 Dinge waren ihr dazu eingefallen, vom Querflötespielen, Spazierengehen, Volleyballspielen, Essen über das Krippenspiel, Gemeindefest, Zelten bis hin zum Abendessen mit Familie in gelöster Atmosphäre, Sommertagen am See und offenen, ehrlichen Gesprächen. Danach hatte sie jede Notiz einem Oberbegriff zugeordnet. Staunend sah sie nun auf die sieben Oberbegriffe und stellte fest: Genau das sind die Sachen, die mich begeistern und vor allem ausfüllen: Mit meinen

Sinnen genießen, gesegnetes Teamwork, besondere Augenblicke der Tiefe und Nähe in Beziehungen, geistlicher Input, Suche nach gottgewolltem Leben, Wertschätzung und das Nützliche mit dem Schönen verbinden. Je mehr von diesen Dingen fehlen, desto schlechter geht es mir.

Wow! Was hier gerade passierte, machte sie sprachlos, faszinierte sie und berührte sie. Was sie zutiefst bewegte, fand sie nun gebündelt und in Worten vor sich. Von diesen sieben Dingen, die sie ausfüllten, waren das Wichtigste: gesegnetes Teamwork, die Suche nach gottgewolltem Leben (das bedeutet, dass Menschen ihre einzigartige Berufung finden und leben) und besondere Augenblicke der Tiefe und Nähe in Beziehungen.

Die Übung, was sie am meisten in der Welt stört, hatte sie begreifen lassen, warum sie auf manche Menschen und Situationen so wütend reagierte oder einen dicken Hals bekam. Meine Güte, das würde in Zukunft echt hilfreich sein! Sie würde ihre Gefühle besser verstehen und einschätzen können.

Die Dinge, die sie am meisten ärgerten, waren passive Aggression, Kommunikationsblockaden und Ziellosigkeit. Hm. Das waren genau die Dinge gewesen, unter denen sie in ihrer Kindheit gelitten hatte. Lächelnd stellte sie fest, dass zu jedem dieser Ärgernisse ihr mindestens zehn konkrete Möglichkeiten eingefallen waren, wie sie deren zerstörerische Auswirkungen einschränken oder sogar überwinden konnte. Passiver Aggression zum Beispiel beugte sie vor durch neugieriges Zugehen auf Menschen, gemeinsames Arbeiten, gemeinsame Aktivitäten, Aufbau einer guten, ehrlichen Beziehung, offene ehrliche Gespräche ...

Das, was so viel Unheil und Schmerz über die Menschen brachte, überwand sie durch das, was sie am Leben begeisterte. Eine Woche später entdeckte sie mit Hilfe ihres Coaches, warum Teamwork ihr so viel Energie verlieh. In gesegnetem Teamwork fand für sie Kommunikation und Wertschätzung statt. Und miteinander konnte man Dinge möglich machen, die ein Einzelner nie erzielen konnte.

Die Suche nach gottgewolltem Leben war ihr so wichtig, weil Menschen, die ihre Berufung lebten, mit ihrem Leben Segen und positive Auswirkungen in ihre Umgebung brachten. Intensive Augenblicke in Beziehungen, der dritte Punkt, für den sich Mirjam begeistern konnte, füllten sie deshalb so aus, weil sie darin Nähe und Liebe erlebte. Sie spürte dann etwas davon, wie Gott sich das Leben eigentlich gedacht hat. Für sie war es eine Ahnung, ein Vorgeschmack vom Paradies.

Das waren also die Dinge, für die Gott ihr Herz mit Leidenschaft gefüllt hatte.

1.5 Das hat Sie Gott gelehrt

Unsere Herausforderung ist, Gottes Reden wahrzunehmen und festzuhalten.

Für den Weg, „das zu formulieren und auf den Punkt zu bringen, was Sie bis heute über Ihre Berufung erkannt haben“, haben Sie nun einen Großteil der Berufungsbausteine kennen gelernt. Sie wissen nun, wozu es hilfreich ist, Ihre einzigartige Herkunft und Geschichte zu kennen. Sie wissen, dass Gott Ihnen eine tiefe Leidenschaft gegeben hat. Ihnen ist nun bewusst, dass Gott Ihnen eine einzigartige Gabenkombination anvertraut hat, damit Sie Ihre Berufung leben können. Im folgenden Kapitel werden Sie herausfinden, dass Gott Sie Dinge lehrte und für Ihr Leben wichtig machte, deren Botschaft Sie mit Ihrem Leben bezeugen können.

Gott ist ein Gott, der redet. Gott möchte, dass Ihr Leben gelingt. Er ist der einzige, der weiß, wie Leben optimal gelingt. Als Liebhaber des Lebens wird Er nicht müde, Sie anzuleiten und Ihnen beizubringen, was für Ihr Leben fördernd und bedeutend ist. Die Herausforderung für Sie ist, Gottes Reden wahrzunehmen und festzuhalten.

Hier kann ein Tagebuch, das Gottes Reden in Einsichten, Erlebnissen, Gebeten festhält, sehr hilfreich sein. Vor allem wächst durch dieses „Journaling“ Sicherheit, die „Stimme Gottes“ zu erkennen.

Im ersten Teil dieses Buches konnten Sie im Kapitel „Gott führt in die Berufung“ (I.1.5) darüber nachdenken, durch welche „Kanäle“ (Bibel, Zeugnisse, Bücher, Eindrücke ...) Sie vorwiegend Gottes Reden erleben.

Entdecken Sie nun, wozu es hilfreich ist, die Inhalte zusammenzutragen, die Gott Sie bis jetzt gelehrt hat.

* * *

Mirjam blickte auf ihre Notizen. Unglaublich, wie viele Dinge ihr zu den vielen Kanälen eingefallen waren, die Gott benutzte, um mit ihr zu reden. Mindestens zehn Bibelstellen waren ihr auf Anhieb eingefallen, die sie seit Jahren begleiteten und die ihr wichtig waren. Fast alle bewirkten das Gleiche in ihr: durch sie gab Gott ihr Hoffnung. Sie hatte die Bücher notiert, durch die Gott ihr am meisten beigebracht hat. Seminare, Predigten, Vorträge, an die sie sich erinnern konnte, Menschen, die ihr Vorbild waren, Nöte von Menschen, die sie bewegten, all das hatte sie nun vor Augen. Hinter jedem Punkt stand eine Notiz, was genau sie hier ansprach und bewegte.

Alle Inhalte, die einander ähnelten, hatte sie farbig markiert und dann dafür eine Überschrift gefunden. Das was nun vor ihr lag, war ein Schatz. Es war das, was Gott sie in letzter Zeit gelehrt hatte. Und das Wichtigste davon war:

- Gott weckt Hoffnung in mir.
- Gott weckt in mir Mut.
- Gott zeigt mir meinen Auftrag.

Weitere Fragen hatten tiefer gespeicherte Überzeugungen in ihr abgerufen. Zum ersten Mal blickte sie nun auf einen Satz, in dem Sie den Sinn ihres Lebens festgehalten hatte. „Der Sinn meines Lebens ist, mir Gottes Liebe gewiss zu sein und ihn wieder zu lieben, die Hoffnung und die Gaben, die er mir schenkt, mit Mut einzusetzen und darauf zu vertrauen, dass er mich schützt."

Mirjam dachte an die letzten Wochen. Was hatte sie da Enttäuschungen einstecken müssen. Nun wurde ihr bewusst. Menschen werden mich immer wieder enttäuschen. Gott ist es, auf den ich mich verlassen kann.

Sinnend sah sie auf die drei Worte Liebe, Hoffnung, Mut. Liebe bewirkt Hoffnung und Hoffnung gibt Mut. Das war das, was Gott sie immer und immer wieder lehrte. Das war seine Botschaft gegen die alten Familienstimmen der Angst und des Misstrauens in ihr. Nein, sie würde nicht aufgeben. Sie würde weitermachen.

1.6 Ihre Träume

Da wo ein Mensch nicht mehr träumt, hat er eine der wichtigsten Kraftquellen seines Herzens verschüttet.

Träume sind eine der wichtigsten Kraftquellen unseres Lebens. Sie sind ein Teil unserer Identität. Sie spiegeln etwas von unseren Wünschen und Sehnsüchten. Sie reflektieren etwas von unseren Werten und Überzeugungen. Und sie geben etwas davon wieder, wo unsere Leidenschaft für oder gegen etwas entflammt.

Ich denke, dass Träume auch immer etwas mit dem verlorenen Paradies zu tun haben. Sie sind Ausdruck einer Sehnsucht nach einer heilen Welt. Hinter diesen Träumen steckt nicht nur unsere Sehnsucht, sondern auch Gottes großes Verlangen, die Welt wieder mit sich zu versöhnen und die Menschen wieder ihrer ursprünglichen Bestimmung zuzuführen: sein Gegenüber zu sein. Gott hasst das Unrecht, Gott hasst die Zerstörung.

Vielleicht haben Ihre Träume etwas mit Gottes Träumen für diese Schöpfung und ihre Menschen zu tun? Prüfen Sie das. Drehen sich Ihre Träume nur um Sie selbst und Ihr Glück? Oder haben Ihre Wunschvorstellungen ihre Wurzel in Gottes guten Absichten für diese Welt und für Ihr Leben?

Träume sind auch eine Kreativwerkstatt. In ihnen siegt Gottes Liebe, Kraft, Barmherzigkeit, Gerechtigkeit ... über Machtmissbrauch, Egoismus, Apathie, Ungerechtigkeit und Leid. Und das geschieht dort in einer sehr schöpferischen Weise. Denn Träume schaffen einen Raum, in dem alles möglich ist. Weil wir dort nicht versagen können, erblühen dort unser Ideenreichtum und unsere Einfalls- und Gestaltungskraft. Hier werden Lebensträume erdacht und als Keim angelegt.

Was sind Ihre Lebensträume? Was möchten Sie durch Ihr Leben auf dieser Welt verändern, verbessern, bewirken? Oder welche Spur, welchen Abdruck, welche Frucht möchten Sie mit Ihrem Leben auf der Erde hinterlassen?

* * *

Mirjam blickte auf die vor ihr liegende Landschaft des Steigerwaldes. Links sah sie hinter Wiesen und Bäumen das Dorf mit seinem italienisch anmutenden Kirchturm. Rechts erhoben sich weit auseinander liegende bewaldete Hügel, an deren unteren Hängen Wein angebaut wurde. Weit sah man von hier oben ins Land. So weit das Auge reichte, erstreckten sich vor ihr gelb wogende Getreidefelder und grüne Flächen, auf denen Mais, Zuckerrüben, aber auch Gras wuchsen. Hier und da blinkten rote Dächer von kleinen Dörfern. Nur am Horizont konnte man weiß leuchtende Windräder und einige kastenförmige Industriegebäude erkennen. Mirjam atmete tief durch. Dies hier war gerade der richtige Ort zum Nachdenken und Träumen.

Gut, dass sie hierher gekommen war. Nach der letzten Trainingseinheit des Kurses, in der sie in so beeindruckender Weise entdeckt hatte, dass es hauptsächlich vier Dinge waren, die Gott ihr immer wieder sagte, war sie an diesem Punkt stecken geblieben. Eigentlich komisch. Denn damals war ihr bewusst geworden, dass Gott ihr immer wieder sagte: Du hast einen Auftrag, eine Berufung, und ich zeige sie dir. Und das war es ja genau, was sie durch den Kurs herausfinden wollte. Was ist meine Berufung?

Doch dann hatten sich die Ereignisse in der Gemeinde überschlagen. Motiviert durch die festgefahrene Situation und die hoffnungs- und visionslose Stimmung in der Gemeinde hatte sie mit dem Leitungsteam versucht, kreative Lösungen zu finden. Dies hatte ihre ganze Kraft und ihre Aufmerksamkeit gefordert. Wochen, ja einige Monate waren ins Land gegangen und sie hatte nur noch für ihre Familie und die Gemeinde gelebt, bis sie sich ausgebrannt fühlte.

Warum nur fühlte sie sich so erschöpft? Diese Frage hatte sie bewegt. Hatte sie nicht genau das gelebt, was ihr bis jetzt durch den Kurs und gerade durch das letzte Kapitel klar geworden war? Hatte sie nicht die Hoffnung und die Gaben, die Gott ihr schenkte, mit Mut eingesetzt und darauf vertraut, dass er sie schützte? Sich so ausgelaugt und abgekämpft zu fühlen hatte sie nicht gerade als Schutz empfunden. Sie hatte dringend Abstand, Input und eine Atempause gebraucht. Sie hatte Zeit zum Nachdenken und zum Reden benötigt. Erst hatte sie daran gedacht, ein Seminar zu besuchen. Damit hätte sie Distanz, Input und jede Menge Leute zum Austausch bekommen.

Beim Suchen nach geeigneten Seminaren hatte sie jedoch festgestellt, die Themen sprachen sie nicht an. Eigentlich wollte sie am Thema ihrer Berufung weiterarbeiten. Und eigentlich wollte sie ihre Trainerin fragen, warum sie sich so erschöpft fühlte, obwohl sie doch gelebt hatte, was sie als Sinn ihres Lebens im letzten Kurskapitel erkannt hatte. Dann war ihr diese Idee gekommen: Wie wäre es, wenn sie anstatt auf ein Seminar nach Franken fahren würde? Sie könnte sich im Dorf oder der Gegend ihrer Trainerin ein Zimmer mieten und den Kurs fertig durcharbeiten. Ihr fehlten nur noch sechs Kapitel. Dann hätte sie endlich ihre Berufung mit Hilfe eines Mission Statements auf den Punkt gebracht. Und sie könnte Gesprächstermine mit ihrer Trainerin vereinbaren und alle Fragen, die sie bewegten und die auftauchen würden, vor Ort besprechen.

Die Trainerin lachte, als sie ihr am Telefon von ihrer Idee erzählte. „Das ist die kreativste Idee, die ich bis jetzt erlebte. Wenn Sie sich alles selber besorgen und managen. Warum nicht? Ich halte Ihnen gerne Gesprächstermine frei."

Und nun war sie hier. Sie war tatsächlich hier für ihre ganz persönliche Berufungssuche-Klausur. Gestern war sie angekommen und heute morgen hatte sie ihr erstes Gespräch gehabt. Mirjam schloss die Augen. Sie spürte, wie die Sonne ihren Rücken wärmte. Warmer Wind wehte ihr angenehm ins Gesicht. Die Blätter auf ihrem Schoß raschelten leise. Ach ja, sie wollte sich mit ihren Träumen beschäftigen. Aber irgendwie war sie noch nicht so weit. Im Moment wollte sie einfach nur sein, die Stille genießen und ihren Gedanken nachhängen.

Das Coaching-Gespräch von heute morgen bewegte sie noch.

Sie hatte ihre Trainerin gefragt, wie es dazu kommen konnte, dass sie sich so erschöpft hatte, obwohl sie doch das lebte, was ihr wichtig geworden war. Sie würde gerne den Fehler finden, wenn es einen gab. Die Trainerin hatte ihr aufmerksam zugehört. Dann hatte sie ihr die Frage gestellt: „Mirjam, wenn Sie im Moment die Menschen beschreiben würden, denen Sie in den letzten Monaten ihr Hauptaugenmerk gegeben haben, wie würde das lauten?“ Sie hatte kurz überlegt und ziemlich spontan gesagt: „Ziellose, festgefahrene, isolierte Christen. Wenn ich Christen sehe, die ziellos, festgefahren oder isoliert sind, dann springt einfach etwas in mir an. Dann will ich helfen.“

Die Trainerin hatte weiter gefragt: „Und was passiert, wenn Sie Ihr Hauptaugenmerk auf ziellose, festgefahrene, isolierte Christen lenken?“ Noch jetzt spürte Mirjam die Erleichterung, als ihr dämmerte, was da schief gelaufen war: „Ich brenne aus. Nur mit solchen Menschen zu tun zu haben, brennt mich aus. Die Erfahrung der letzten Monate zeigt mir: ich habe keine Handhabe. Ich kann sie nicht bewegen. Ich kann solche Leute nicht verändern.“ „Doch zu wem schickt mich Gott dann?“ hatte sie ihre Trainerin gefragt. „Das werden Sie dieses Wochenende noch herausfinden. Was halten Sie davon, diese Frage noch zurückzustellen?“ Mirjam hatte zugestimmt.

Ihre Trainerin hatte aufmerksam in ihr Gesicht gesehen. „Sie sagten, Ihr Ziel für dieses Coaching-Gespräch ist es, herauszufinden, wie es dazu kommen konnte, dass Sie sich so erschöpft haben. Soll ich Ihnen noch eine Frage stellen?“ „Ja bitte,“ antwortete Mirjam und wartete gespannt darauf, was nun kommen würde.

„Ihnen wurde in der letzten Kurseinheit wichtig, dass Gott für Sie eine Berufung hat und dass er Ihnen Liebe, Hoffnung und Mut schenkt. Wo haben Sie sich in den letzten Monaten von Gott geliebt gefühlt?“

Mirjam überlegte, aber ihr fiel nicht wirklich etwas ein. „Hm, ich hatte zwar den Eindruck, dass er da ist, und das hat er mir auch immer wieder gesagt. Aber wenn ich jetzt zurückblicke, kommt es mir vor, als ob ich mich nur auf den Mut und die Hoffnung konzentriert habe. Ich wollte, dass sich die Situation ändert, dass die Leute Mut und Hoffnung schöpfen und vor allem eine Vision und ein Ziel bekommen. Doch dann habe ich erfahren, dass ich machtlos bin, wenn Menschen noch nicht soweit sind, dass sie sich verändern oder weiter entwickeln wollen. Meine Hoffnung und mein Mut erschöpften sich. Und ich erlebte nicht genug Gottes Liebe, damit sich meine Hoffnung und mein Mut wieder füllten. Hm - um Gottes Liebe zu spüren, hätte ich öfter zurücktreten müssen, mir einfach Zeit nehmen müssen für ein gutes Buch, meine eigene Entwicklung, für ein lockeres, entspanntes Zusammensein mit Menschen."

Nachdenklich blickte sie ihre Trainerin an, die ihr aufmerksam zugehört hatte. Dann nahm sie ihren Stift und schrieb auf ihren Notizblock die drei Wörter Liebe, Hoffnung, Mut geschrieben und malte jeweils einen Kreis darum. Darüber schrieb sie mit großen Buchstaben „Balance".

Gedankenverloren begann sie, das Wort Liebe zu umkreisen. Irgendetwas fehlte noch. Wie kam es, dass sie so auf hoffnungslose, frustrierte oder isolierte Menschen und Gruppen ansprang? Natürlich hatte das mit den Erfahrungen ihrer Kindheit und Jugend zu tun. Dass Gott durch dunkle Täler durchbringt und Hoffnung, Mut, Heilung und Lebensfreude schenkt – das war ihre Lebensbotschaft. Aber wenn sie darüber ausbrannte, konnte das doch nicht Gottes Wille sein.

„Worüber denken Sie nach?" Die Stimme ihrer Trainerin ließ sie aufblicken. Sie sah ihre fragenden Augen und antwortete: „Ich habe den Eindruck, irgendein Puzzleteil, irgendeine Erkenntnis fehlt noch, um in Zukunft nicht wieder auszubrennen. Dass ich mir mehr Zeit nehmen muss, um immer wieder Gottes Liebe zu tanken und wahrzunehmen, das habe ich nun begriffen. Ich fange an zu verstehen: Je mehr Hoffnung und Mut eine Situation von mir fordert, desto mehr Zeit brauche ich, um Gottes Liebe zu tanken, die dann ganz automatisch diese Hoffnung und diesen Mut hervorbringen wird. Doch warum springe ich so auf hoffnungslose Menschen oder Situationen an? Das hat nicht nur mit meiner Geschichte zu tun?“

Ihr Coach sah sie nachdenklich an. Schließlich sagte sie: „Vielleicht liegt eine Ursache bei Ihren Motivationsgaben. Motivationsfähigkeiten sind etwas, das in uns anspringt und das wir tun möchten, sobald wir dafür eine Gelegenheit bekommen. Erinnern Sie sich noch, was Ihre Motivationsgaben sind?“ „Ja“, antwortete Mirjam, „überzeugen, verbessern/ anpassen und kreativ denken.“

„Eine weitere Schlüsselfunktion könnten Ihre Werte spielen. Erinnern Sie sich noch, was Sie auf dieser Welt hassen?“ „Ja. Ziellosigkeit, Kommunikationsblockaden und äh, das dritte habe ich vergessen.“ Die Trainerin schmunzelte. „Prima. Dann ist es auch gerade nicht wichtig. Und was ist das, wofür Ihr Herz mit Leidenschaft schlägt?“ Wie aus der Pistole geschossen kam Mirjams Antwort: „Teamwork, gottgewolltes Leben, dass Menschen ihre einzigartige Berufung finden und leben und ...“ Sie stockte. Dann fiel es ihr wieder ein. „Und dann begeistern mich noch besondere Augenblicke der Tiefe und Nähe in Beziehungen.“

„Okay, wenn Sie all diese Informationen nehmen und sich nun noch einmal Ihre Frage ansehen, warum Sie so auf hoffnungslose, festgefahrene und isolierte Christen ansprechen. Was stellen Sie fest?“

Mirjam musste schmunzeln. „Okay, jetzt verstehe ich es. Diese Leute leben etwas, was mich frustriert. Sie haben kein Ziel und können sich nicht mitteilen. Und da überzeugen, kreativ denken und etwas verbessern bei mir Motivationsgaben sind, versuche ich automatisch, sie von dem zu überzeugen, was mich begeistert - Teamwork, Berufung, Beziehung, Nähe.“

Zufrieden, aber auch etwas erschöpft lehnte sie sich in dem Stuhl zurück. Dann schaute sie ihre Trainerin an und fragte: „Und wie geht es nun weiter?“ „Widmen Sie sich einfach dem nächsten Kurskapitel. Finden Sie Ihre Träume heraus. Wecken Sie Ihre Vision. Und behalten Sie die Fragen, was Sie vor dem Ausbrennen schützt und zu wem Gott Sie schickt, im Hinterkopf. Vielleicht machen Sie in dieser Richtung noch ein paar Entdeckungen."

Mirjam wandte ihren Blick von der Landschaft ab und nahm die Blätter in die Hand, die vor ihr auf dem Tisch lagen. Die Sonne schien ihr nun seitlich ins Gesicht. Sie blickte auf die Uhr. Wie die Zeit verging. Eine Stunde hatte sie nun hier gesessen und sich einfach nur erinnert und nachgedacht. Jetzt fühlte sie sich bereit, weiter zu gehen. Doch langsam wurde es hier zu warm. Hatte sie nicht vorhin am Waldrand einen Grillplatz mit einer dicken Eiche und einer Bank darunter entdeckt? Dort wäre es nun sicher angenehm kühl. Gut, dann würde sie sich als erstes zu diesem neuen Platz begeben.

„Wenn Sie manchmal so vor sich hinträumen, was sehen Sie sich am liebsten tun?" Mirjam dachte kurz nach und schon flossen ihre Gedanken als Stichpunkte unter die genannte Frage. Kreative Dinge tun wie filzen; regelmäßig joggen und Volleyball spielen und damit konstant körperlich fit sein; Zeit für die Beziehungen in der Familie und ... Erstaunt hielt sie inne. Der nächste Gedanke war ihr nicht neu, aber so richtig ernst genommen hatte sie ihn noch nicht. Sie würde gerne eine Coaching-Ausbildung für die Begleitung von Mitarbeitern in der Gemeinde beginnen.

Okay, mal sehen, was die nächste Frage brachte. Angenommen, Sie könnten nicht versagen und hätten die Zeit, das Geld und alle anderen Ressourcen, die Sie bräuchten, was würden Sie dann tun? Wieder zückte sie ihren Stift und schrieb: regelmäßig joggen, Volleyball spielen, an einem Vormittag in der Woche kreative Sachen herstellen und dann verkaufen, Ausbildung zur Soziotherapeutin (kreatives Arbeiten!), Coaching-Ausbildung, Da-Sein für die Familie (gemeinsame Mahlzeiten, Aktivitäten), den Berufungskurs „Wecke deine Vision" für andere anbieten und mit ihnen durcharbeiten ...

Mirjam stockte. Verblüfft sah sie auf das, was sie eben geschrieben hatte. Das waren fast haargenau die selben Dinge, die sie schon bei der vorhergehenden Frage genannt hatte. Das waren nicht irgendwelche verschwommenen Träume. Das waren sehr konkrete und deutliche Vorstellungen. Und vor allem wäre es ein sehr ausbalanciertes Leben. Ob hier das stand, was sie im Alltag vermisste? Gespannt blätterte sie auf die nächste Seite.

Mirjam schrieb und schrieb. Sie entdeckte, welche ihrer Fähigkeiten und Tätigkeiten für ihre Mitmenschen den größten Nutzen haben. Sie beschrieb ihre ideale Arbeits- und Lebenssituation und viele andere kleine Details, nach denen gefragt wurde. Und sie merkte: Manches lebte sie bereits, anderes wurde ihr nun erst so richtig bewusst. Das Wichtigste und Interessanteste war für Sie mal wieder das Bündeln der Ergebnisse.

Mirjam biss in ihren Apfel. Die Sonne stand nun im Westen und eine kleine Tüte mit Abfällen und eine leere Wasserflasche zeugten davon, dass sie Stunden hier verbracht und gearbeitet hatte. Dicke weiße Wolken segelten am Himmel entlang und tauchten die vor ihr liegende Landschaft in Licht und Schatten. Vom Dorf her sah sie Spaziergänger mit Hunden in Richtung Felder gehen. Auch sie brauchte jetzt dringend einen Spaziergang und Bewegung.

Sie blickte noch einmal auf das letzte Arbeitsblatt. Dort stand nun die Zusammenfassung ihrer Träume. Sie hatte tatsächlich das in Worte gefasst und gebündelt, was sie mit ihrem Leben auf dieser Welt bewirken wollte.

Da stand es schwarz auf weiß:

- 1. Mein Leben auf dieser Welt hat bewirkt, dass meine Kinder zu lebenstüchtigen Menschen wurden, Gott kennen lernten, ihn liebten und ihm dienten, indem sie ihre Berufung fanden und lebten. Dies geschah, indem ich mein Leben mit ihnen teilte und sie dahingehend (Berufung) gefördert und gefordert habe.
- 2. Mein Leben hat auf dieser Welt bewirkt, dass durch das Vorbild unserer Partnerschaft junge Paare motiviert wurden, ebenfalls ein Leben lang zu wachsen und zu reifen. Dies geschah, indem ich mich weiter entwickelte und meinen Mann motivierte, ebenfalls einen Reifungsprozess anzustreben. Ich habe ihn gefördert und gefordert. Und ich habe mich von

ihm fördern und fordern lassen. Wir lernten, einander Freiräume zuzugestehen.

▶ 3. Eine dritte Frucht meines Lebens ist, dass meine Gemeinde zu ihrer Berufung fand. Dies wurde nach außen sichtbar in Teamwork, Liebe, konstruktiver Kommunikation und in einem gemeinsamen und gesunden Leben zur Freude Gottes, das nach außen strahlt. Ich habe dazu beigetragen, indem ich nach dem Motto lebte „Gemeindeaufbau ist Aufbau von Menschen". So habe ich Menschen, die nach ihrer Berufung, nach Zielen und nach Weiterentwicklung suchten, gefördert, gefordert und mit ihnen gelebt.

Mirjam hob den Kopf und beobachtete die näher kommenden Spaziergänger. Das war also ihre Spur, ihr Beitrag, den sie gerne in ihrem jetzigen Lebensabschnitt auf dieser Erde zurücklassen wollte. Es war das, wofür sie Gott ausgerüstet hatte, wofür er ihr Leidenschaft gegeben hatte und was sie zutiefst wollte.

Am meisten bewegte sie jedoch nicht diese erwachende Schau und Vision für ihr Leben. Viel mehr berührte sie, dass sie plötzlich sah, wie ihre alltäglichen Aufgaben und ihr ganz normales Leben genau zur Umsetzung dieser Vision beitrugen. Die Begleitung bei den Schulaufgaben, ihr Engagement im Elternbeirat, die vielen Gespräche in der Gemeinde, die oft Kraft kostenden Teamleitungstreffen, ihre fortwährende Suche nach Input und Weiterentwicklung – all ihr Fördern, Herausfordern und Leben Teilen machte nun Sinn. Sogar die Hausarbeit, das Aufräumen, Putzen, Waschen, Bügeln, Kochen bekam nun Bedeutung. Denn das half ihr immer wieder, in Balance zu kommen, sich zu erden und zu ordnen. Mit der äußeren Ordnung sortierte sich auch ihr Inneres. Hier fand sie Ruhe und Entspannung.

Mirjam erhob sich und packte die Kursunterlagen und ihre Essensreste in den Rucksack. Sie fühlte sich müde, aber glücklich, - wie nach dem Erreichen eines Berggipfels oder dem Zielpunkt nach einer langen Kanutour. Die Vision, die in ihr geschlummert hatte, war geweckt.

1.7 Positive Prophezeiungen über Ihrem Leben

Weder andere Menschen noch Sie selbst haben das Recht, Ihrem Leben Negatives zuzusprechen.

Sie entdecken nun den letzten wichtigen Baustein, der Ihnen Hinweise auf Ihre Berufung geben kann. Zu den wichtigsten Dingen, die wir – für andere und für uns selbst – tun können, gehört es, eine von positiven Prophezeiungen erfüllte Atmosphäre zu schaffen.

Nicht jeder hat das Glück, solch eine Atmosphäre in seiner Familie erlebt zu haben. Doch Gott sorgt für Ausgleich. Denn es ist ja seine Sicht über uns und seine Atmosphäre, die er uns vermitteln möchte. Im alten Israel, vor der Zeit Jesu, benutzte er immer wieder Propheten, die in seinem Namen dem Volk in schwierigen Situationen Mut zusprachen. Sie gaben Gottes Sicht der Dinge weiter. Und die war oft ganz anders als die, wie sein Volk sie interpretierte und daher auch empfand.

Gott hat gute Gedanken über Ihrem Leben. Ich bin überzeugt, dass Gott Ihnen irgendwo, irgendwann, durch irgendwen eine positive Zukunft prophezeit hat. Sicher gab es da eine Ermutigung, ein Kompliment, eine „Prophezeiung“, die, wenn Sie glauben, als Schlüssel für Ihre Berufung dienen kann. Die Frage ist, was Sie entscheiden zu glauben. Die negativen Prophezeiungen, die Ihnen andere zugesprochen haben, oder die positiven Prophezeiungen?

Weisen Sie die zerstörerischen Aussagen konsequent zurück. Weder andere Menschen noch Sie selbst haben das Recht, Ihrem Leben Negatives zuzusprechen. Wenn Sie merken, dass Sie keine Kraft haben, Unheil wirkende Gedanken zurückzuweisen, bitten Sie Gott um Hilfe. Fragen Sie ihn, was er dazu denkt. Fragen Sie ihn nach seiner Wahrheit, nach seiner Sicht. Entlarven Sie Lügen und nehmen Sie damit das Negative und Zerstörende gefangen.

* * *

Kalte Luft strömte durch das offene Fenster. Es war noch früh am Morgen. Doch Mirjam saß schon am Schreibtisch. Noch zwei Tage Auszeit von ihrer Familie hatte sie und sie wollte ihr Mission Statement fertig bekommen.

Die letzte Übung gefiel ihr. Sie war echt kreativ. Das musste sie sich merken. Natürlich sprang da auch die Krankenschwester in ihr an. In ein gefährlich aussehendes Bakterium hatte Sie eine typische Negativ-Botschaft schreiben müssen, die sie, falls sie sich ausbreitete, lahmlegte. Nun, darüber musste sie nicht lange nachdenken. „Das ist zu gefährlich", war solch ein klassischer Satz, der sie entmutigte und immer wieder außer Betrieb setzte. Die Idee, diesen Gedanken, der sich wie ein Krankheitserreger ausbreiten konnte, durch einen Antikörper zu blockieren, war gut.

Wie musste der Antikörper beschaffen sein, der diesen Satz, der sie immer wieder überflutete, unwirksam machte? War diese Behauptung überhaupt wahr? Und was sagte Gott dazu? Lehrte er sie nicht stets von Neuem: „Ich bin dein Schutz. Ich gebe dir Mut." Genau, das war der Antikörper, der sich an diese Negativbotschaft hängte und sie deaktivierte. „Danke, Gott", flüsterte sie. Und sie fügte hinzu: „Und bitte hilf mir." Aus Erfahrung wusste sie, für den Ausstoß von genügend Antikörper-Sätzen war sie verantwortlich. Je mehr Bakterien schon herumschwirrten, desto mehr Antikörper musste sie ihnen entgegensenden. Das war echte Arbeit. Doch durch ihren Physiologieunterricht wusste sie: Hatte der Körper erst mal Übung darin, eine bestimmte Antikörpersorte zu entwickeln, ging diese Bereitstellung bei wiederholter Infizierung mit dem gleichen Bakterium immer leichter und schneller.

Nun, dieser Satz war nicht der einzige, der sie immer wieder blockierte. Bei der nächsten inneren Blockade würde sie sich gleich daran machen, die Schlüssel-Botschaft des Krankheitserregers zu erkennen.

Doch jetzt wollte sie sich der nächsten Aufgabe zuwenden. All die positiven Gedanken, Kommentare oder Vermutungen, die Mitmenschen ihr mal gesagt hatten, aufzuschreiben war spannend. Bilder oder Eindrücke hatte bis jetzt niemand an sie weitergegeben. Sie wusste, dass es das gab, hatte es aber noch nicht erlebt. Doch dafür fielen ihr jede Menge positiver Kommentare und Rückmeldungen ein, die andere ihr gegeben hatten. Was hatte ihr Mann letzte Woche zu ihr gesagt: Du bringst Dinge einfach auf den Punkt. Unwillkürlich grinste sie. „Stimmt", dachte sie, „ich kann gut bündeln."

Ihre Schwester hatte ihr auch mal ein tolles Kompliment gemacht. Ach ja, sie hatte gesagt: „Du hast echt die Gabe, kreative Lösungsansätze für verzwickte Situationen zu finden. Meine Güte, tat das gut, sich all der positiven Prophezeiungen über ihrem Leben zu erinnern. Neun Leute mit Beobachtungen, die sich bei ihr festgesetzt hatten und in ihr positiv nachhallten, waren ihr nun schon eingefallen.

Wieder schmunzelte sie. Die Erinnerung war zu gut. Grinsend war ihre Oma vor ihr gestanden, die Hände in die Hüften gestemmt: „Du hast den Dickschädel deines Urgroßvaters, Mirjam." Ja, Oma hatte Recht gehabt. Sie hatte einen starken Willen und konfrontierte so lange, bis sich das Problem löste.

Mirjam erhob sich und trat ans Fenster. Die Morgensonne überflutete gerade die Hausdächer und spiegelte sich in den Fenstern der Nachbarhäuser. Diese neue Entdeckung, dass nicht nur negative Botschaften sie seit ihrer Kindheit begleiteten, sondern auch positive, tat ihr gut. Sie fühlte sich ermutigt und bestätigt.

Sie hatte nun eine neue Möglichkeit kennen gelernt, wie Sie negative Prophezeiungen über ihrem Leben „gefangen nehmen" konnte. Und ihr war klar: Je mehr sie dies übte, desto leichter würde ihr dies fallen. Doch vor allem schaffte es Raum für die positiven Prophezeiungen in ihrem Leben. Raum, dass sie ihnen glaubte und sie sich entfalteten.

Energiegeladen setzte sie sich wieder an den Tisch. Als sie sah, was nun folgte, stieg die Spannung in ihr. Sie war nun fast am

Ziel. Als nächstes würde sie all ihre Berufungsbausteine zusammentragen und eine Gesamtübersicht gewinnen.

Doch plötzlich mischte sich in diese Erwartung und Vorfreude auch Zweifel. Konnte sie das, was sie geschrieben hatte, auch wirklich ernst nehmen? Was, wenn ihr Fehler unterlaufen waren oder ihre Entdeckungen durch die momentane Lebensphase einseitig geprägt waren?

Nachdenklich wandte sie sich wieder ihren Unterlagen zu. Sie las. Und plötzlich spürte sie eine tiefe Erleichterung. Sie sollte die in den einzelnen Wegabschnitten bereits gebündelten Hinweise noch einmal prüfen. Als ob die Autorin gewusst hätte, dass man auf dieser Reise einen Punkt erreicht, an dem man alles noch einmal hinterfragt oder unsicher wird, was man aus den vielen Hinweisen auswählen soll, gab sie Hilfestellung für diesen Entscheidungsprozess.

Der Kirchenvater Ignatius von Loyola hat für Entscheidungssituationen eine Gedankenhilfe entwickelt. Er nannte sie die Trostregel, sie entstammte folgender Erfahrung. Jesus bezeichnet den Heiligen Geist als Beistand und Tröster (Joh. 14,15). Daher sagt Ignatius: Um zu prüfen, ob unser „inneres Drängen“, unsere „innere Stimme“ von Gott herrührt oder nicht, ist es hilfreich zu prüfen, ob diese Gedankenimpulse langfristig, auf unser Leben als Ganzes gesehen, Friede und Freude hervorbringen. Diese Trostregel stellt die Frage: Wo weiß ich tief innen, dass es gut und richtig für mein Leben ist?

Mirjam lehnte sich auf dem Stuhl zurück. „Herr“, sagte sie in die Stille des Raumes, „das berührt mich. Wieder mal machst du mir Mut, dir zu vertrauen und Entscheidungen zu treffen. Eben noch war ich verzagt und jetzt gibst du mir eine solch weise Regel, die mir grundsätzlich helfen wird, Situationen zu beurteilen und Entscheidungen zu treffen. Ich habe so viel gelernt auf diesem Weg, mich und meine Berufung kennen zu lernen. Leite mich jetzt einfach durch deinen Geist. Gib mir ein klares Gespür dafür, wo ich tiefen Frieden empfinde und merke: ja, das ist das Wichtigste. Das bringt das, wie du mich gemacht hast, auf den Punkt.“

Eine Stunde später verließ sie beschwingt die Pension, in der sie Quartier genommen hatte. Wieder mal hatte sie mit Gottes Hilfe ein Ziel erreicht. Unter dem Arm klemmte die Mappe mit den Unterlagen des Berufungskurses. Und darin war die wertvolle Gesamtübersicht, die sie immer noch erfüllte und bewegte.

Sie konnte nun sagen, welche Überschrift sie ihrem Leben gab. Sie wusste die vier wichtigsten Fähigkeiten ihres familiären Erbes. Und sie konnte ihre vier wichtigsten Haupttalente benennen, ihre einzigartige Gabenkombination. Sie wusste nun, wofür ihr Herz mit Leidenschaft schlug und was die drei wichtigsten Dinge waren, die Gott ihr bis jetzt beigebracht hatte. Sie hatte herausgefunden, wovon sie träumte und was sie sich wünschte, das durch ihr Leben auf dieser Erde geschehen sollte. Und sie war sich der positiven Prophezeiungen bewusst, durch die Gott sie in ihrem So-Sein bestätigte und ermutigte.

Es war, als ob sie durch all diese Berufungshinweise plötzlich etwas von Gottes Freude an ihrem Sein und ihrer Einzigartigkeit spürte. Ja irgendwie war sie nun mit dem in Berührung, wozu Gott sie rief, es zu leben und zu tun. Nun war sie gespannt auf ein weiteres Coachinggespräch mit ihrer Trainerin. Sie wollte dringend Feedback und sie war gespannt: Wie konnte sie nun diese vielen Informationen bündeln?

2. Hinweise auf Ihre Berufung in einem Leitbild bündeln

Ich kann und soll
das an Berufung nehmen
und leben,
was ich bis heute
erkannt habe.

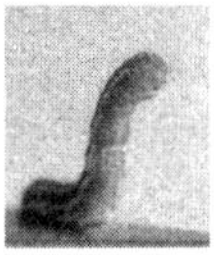

Ein Mission Statement bündelt, was Sie bis jetzt über die Berufung Gottes für Ihr Leben erkannt haben.

Hinter Ihnen liegt eine Reise, die Sie entdecken ließ, wie Sie die vielen Berufungshinweise Ihres Lebens wahrnehmen und sammeln können.

Wie man einen Acker pflügt, so können Sie Ihre Lebensgeschichte durchpflügen und das aufwerfen und nach oben bringen, was auf Ihre Berufung hinweist:

- Sie können entdecken, mit welchen Gaben und Fähigkeiten Gott Sie ausgestattet hat.
- Sie können mit Ihren Werten und Überzeugungen in Berührung kommen, die tief in Ihrer Persönlichkeit verankert sind.
- Sie können sich bewusst machen, wofür „Ihr Herz brennt".
- Sie können Ihre Lebensthemen herausfinden und das, was Ihnen Gott für Ihr Leben wichtig machte.
- Sie können Ihre Träume erkennen.
- Und Sie können sich bewusst machen, mit welchen positiven Prophezeiungen Gott Sie ermutigt und unterstützt.

Sie wissen nun, dass es bei Gottes Berufung für Ihr Leben nicht darum geht, dass sie etwas für ihn tun, sondern dass Sie in ihm und durch ihn etwas leben, wozu er sie befähigt und beauftragt.

Berufung ist kein Dienst! Berufung ist mehr als ein Beruf oder eine Aufgabe, so sehr diese auch zu Ihnen passen mögen. Sie ist etwas Tieferes und Schöneres. Gottes Berufung für Ihr Leben ist etwas zutiefst Lebensspendendes und Heilsames, für Sie selbst und für andere. Seine Berufung macht Sie lebendig und heil.

Diese Berufung, die Sie lebendig und heil macht, enthält Gottes Grundberufungen und Ihren ganz speziellen Auftrag. Sie kamen und kommen in Berührung mit diesen zwei Berufungen durch das, was Sie bewegt, was Sie motiviert, was Sie begeistert, durch Ihre Fähigkeiten, Ihre Träume, Ihre Geschichte, Ihre Lebensbotschaft und durch das, was Gott sie lehrte und Ihnen zuspricht.

Alle diese Berufungshinweise können Sie bündeln, indem Sie in einem Leitbild (Mission Statement) auf den Punkt bringen

- 1. welches Tun in Zukunft Ihr Handeln bestimmen soll
- 2. was die Werte sind, die Sie leben möchten
- 3. wer Ihre Zielgruppe ist.

Dabei ist es wichtig, Folgendes zu beachten. Ein Mission Statement ist etwas Dynamisches und nichts Statisches. Es ist eine schriftlich formulierte Aussage über Ihr aktuelles Verständnis von Gottes Berufung. Sie wissen nun, dass Gottes Berufung mit Ihnen ein Weg ist. Von daher sollte ein Mission Statement nach ein bis drei Jahren überprüft und überarbeitet werden.

* * *

„Und danach weiß ich, was meine Berufung ist?“ Gespannt blickte Mirjam zu ihrer Trainerin. Diese hatte ihr gerade die Schritte erklärt, die nun auf sie warteten, um ihr Mission Statement zu schreiben.

„Was denken Sie?“, erwiderte die Trainerin. Mirjam lachte: „Das ist gemein, ich wollte von Ihnen die Antwort hören.“ „Wozu?“, fragte die Trainerin zurück. Mirjam grinste und sagte: „Ach, mir hätte eine Bestätigung gut getan. Wissen Sie, wenn ich mir die Übersicht meiner Berufungshinweise anschaue, dann erfüllt mich Freude und ich denke, ja, das sind die Hauptmerkmale, die mich ausmachen und die mir wichtig sind. Doch wenn ich jetzt daran denke, das Ganze zu bündeln, dann kommen mir Zweifel. Was, wenn ich etwas Falsches herausfinde? Und darf ich diesen Satz wirklich als meine Berufung nehmen?“

Gespannt blickte Mirjam zu ihrer Gesprächspartnerin. Wie würde diese auf ihre Unsicherheit und Zweifel so kurz vor dem Ziel reagieren. Sie schwieg und schien zu überlegen. Dann sagte sie: „Ich könnte Ihnen jetzt meine Erfahrung weitergeben und sagen: Ich erlebe immer wieder, wie dieses Mission Statement oder diese Leitbildformulierung das auf den Punkt bringt und hilfreich bündelt, was Menschen über ihre Berufung erkannt haben. Doch ich frage mich, ob es wirklich diese Außenbestätigung ist, die Sie gerade brauchen?“

Mirjam runzelte überlegend die Stirn. Die Trainerin fuhr fort: „Darf ich Sie etwas fragen?“ „Ja,“ Mirjam nickte. „Wozu ist Ihr Zweifel und Ihre Unsicherheit gut?“ Mirjam überlegte. Dann sagte sie: „Sie veranlassen mich, das Ganze zu überprüfen und überdenken. Es ist wie ein Sicherheitscheck. Ich brauche es, um Sicherheit zu entwickeln.“ Verblüffung, Staunen und Erleichterung spiegelten sich in Mirjams Gesicht. Schließlich grinste sie: „Das darf ja nicht wahr sein. Eigentlich nervt und ärgert es mich, wenn ich Zweifel und Unsicherheit spüre. Doch nach dem, was ich sage, sind sie meine Verbündeten. Sie helfen mir, etwas gründlich abzuchecken und eine tiefe Sicherheit zu entwickeln.“

Die Trainerin blickte zu Mirjam. Deren Augen funkelten wie bei einer großen Entdeckung. „Mirjam, was bedeutet nun diese Entdeckung für Ihre Unsicherheit, ob dieses Mission Statement nun wirklich das wiedergeben wird, was Ihre Berufung ist?“

Mirjam überlegte. Dann sagte sie: „Ich lasse mich von meiner Unsicherheit nicht verunsichern. Ich akzeptiere meinen leisen Zweifel und nehme ihn als Hinweis, dass in mir ein Bedürfnis nach noch größerer Sicherheit ist. Und gerade deshalb werde ich nun dieses Mission Statement schreiben. Ich werde dann schon spüren, ob es passt oder nicht. Und wenn ich dann wirklich noch Zweifel spüre, werde ich dies als Einladung sehen, nachzuprüfen, was mich da verunsichert.“

Sie holte tief Luft. Ihre ganze Körperhaltung zeigte nun Spannung und Entschlossenheit, wie wenn sie gleich aufspringen und losgehen wollte. Sie sah zu ihrer Trainerin und fragte: „Wie geht es nun weiter?“

2.1 Ihr Tun, das Ihr Handeln bestimmen soll

Welches Tun erfüllt Sie langfristig gesehen mit Frieden und Freude?

Die Verwirklichung Ihrer Berufung / Ihres Auftrags erfordert Taten. Und Taten werden durch Verben ausgedrückt.

Das Wissen, welches Tun Ihr Handeln in Zukunft bestimmen soll, zeigt Ihnen inmitten aller Einwirkungen von außen, was Sie tun und sein wollen. Es gibt Ihnen Orientierung und Entscheidungshilfe für Ihr Handeln im Alltag.

* * *

Nachmittagssonne fiel in das Zimmer. Mirjam saß am Tisch im Zimmer ihrer Pension. Links vor ihr lagen ihre gesammelten Kursunterlagen. Sie selber hielt das vierte Kursheft in der Hand und las: „Und so finden Sie das Tun, das in Zukunft Ihr Handeln bestimmen soll: Gehen Sie die Antworten in allen Kurskapiteln durch und listen Sie sämtliche Verben auf, die Sie finden. Setzen Sie je 20 Verben untereinander. Fangen Sie danach eine neue Spalte an."

„Schade, dass Richard nicht da ist," dachte Mirjam. „Wenn er die Verben aus meinen Antworten herauslesen und sie mir diktieren würde, bräuchte ich nur noch schreiben. Das würde richtig flott gehen." Mirjam griff nach dem ersten Kursheft. Mit ihrer Entschlossenheit und Zielstrebigkeit erwachte nun ihre Energie. Beim nächsten Gedanken grinste sie. „Eigentlich ist das nun wie Abwaschen oder Wohnung aufräumen – eine Routinearbeit und ich muss nicht mal denken."

Schnell füllten sich die Listen. Dann las sie die nächste Aufgabe: „Wählen Sie nun aus jeder Spalte jene drei Verben aus, die Sie am meisten ansprechen." „Hey, das machte ja Spaß." Schmunzelnd sah sie kurz darauf auf eine Liste von ca. 30 Wörtern. „Ja, das waren alles Dinge, die sie gerne tat oder ihr wichtig waren:

Erkunden, intensiv begegnen, weitergeben, vorausschauen, konfrontieren, musizieren, Sinn geben, Anteil geben, da sein, abgrenzen ...

Mirjam blätterte auf die nächste Seite. „Ah, jetzt wurde es ernst.“ Nun sollte sie aus der eben erstellten Liste noch einmal jene drei auswählen, die ihr am meisten zusagten. Dabei sollten dies Verben sein, von denen sie denkt: Ja, dieses Tun soll in Zukunft mein Handeln bestimmen. Dabei fühle ich mich wohl. Bei diesem Tun empfinde ich langfristig gesehen Frieden und Freude.

Aufmerksam schweiften Mirjams Augen über die vor ihr liegenden Wörter. Schließlich umkreiste sie die Wörter - fördern, -fordern, -leben. „Ja, das war ein guter Dreiklang. Dies enthielt sowohl einfach da zu sein, Leben zu teilen, zu genießen, gemeinsame Erfahrungen, einfach das, was ihr wichtig war zu leben und damit auch vorzuleben, als auch andere in Bewegung zu bringen, zu ermutigen, Hoffnung zu vermitteln, herauszufordern und zu konfrontieren.“

Fördern, fordern, leben. Das klang wirklich gut. Das hatte sowohl sie selbst im Blick als auch ihre Mitmenschen.

Leben, fördern, fordern. Mirjam ließ die Worte auf sich wirken. Sie fühlten sich gut an. Und ihr analytischer Verstand und ihre Fähigkeit vorauszuschauen sagten ihr, dass diese Verben eine gesunde, sich ergänzende Balance enthielten. Das also hatte in ihr geschlummert. Das war es, was sie gerne leben wollte: fördern, fordern, leben.

2.2 Ihre Werte, die Sie leben wollen

Ihre Werte sind das, wofür Sie bereit sind einzutreten, es zu verteidigen und dafür zu kämpfen.

Wer oder was bestimmt wirklich unser Leben?

Es sind die Werte und Grundüberzeugungen, die tief in unserer Persönlichkeit verankert sind. Diese tiefen Überzeugungen sind uns oft nicht bewusst. Am schnellsten kommen wir mit ihnen in Berührung, wenn wir auf eine Person oder ein Ereignis stoßen, die völlig andere Werte vertreten.

Gefühle wie Wut, Zorn, Ärger über etwas, aber auch Leidenschaft und Hingabe können ein Hinweis auf Ihre Grundüberzeugungen sein. Werte sind das, wofür Sie eintreten und kämpfen. Sie sind das, wofür Sie Kraft, Energie und Begeisterung aufbringen. Sie sind das, wofür Sie „brennen".

Ihre wichtigsten Werte zu kennen hilft Ihnen, jeden Tag mit einem klaren Bewusstsein für diese Werte zu gestalten. Wenn Sie auf Schwierigkeiten oder Herausforderungen treffen, müssen Sie nicht auf diese Umstände oder auf Ihre Emotionen reagieren. Sie können Ihre Entscheidungen auf Grund dieser Werte treffen.

Werte sind Prinzipien, deren Sinn, Bedeutung und Nutzen Sie überprüft haben. Sie sind das, wovon Sie glauben, dass es wahr und gut ist. Es sind Grundüberzeugungen, die Sie mit dem Prädikat sinngebend, lebens- und kämpfenswert, versehen haben. Es sind die Prinzipien, auf denen Ihr Sein und Tun beruhen soll. Und es ist das, was Sie erstreben und leben wollen. Wenn Sie Ihre Werte kennen, sind Sie in Berührung mit Ihrer Vision. Denn Sie beschreiben das, woran Sie glauben, dass Gott auf dieser Erde durch Sie tun möchte.

Aus diesem Grund ist „Ihr Enthusiasmus" (II.1.4) ein wichtiger Baustein Ihrer Berufungshinweise. Die Oberbegriffe, die Sie dafür finden, was Sie am Leben begeistert und an der Welt stört, zeigen Ihre Werte.

* * *

Mit gespannter Konzentration schrieb Mirjam Ihre Antworten. Sie staunte selber, wie leicht sie die Fragen beantworten konnte. Die lange, gründliche Vorarbeit, der Prozess, in dem sie sich bewusst gemacht hatte, wer sie ist, woher sie kommt, wohin sie möchte und welche Botschaft ihr Gott anvertraut hat, hatte sich gelohnt. All das sorgfältige Wahrnehmen, Sortieren, Bündeln ihrer Berufungshinweise, diese vielen kleinen Schritte hatten in ihr eine Sicherheit wachsen lassen, über die sie nun nur staunen konnte.

Doch es war nicht nur das Wissen, wer sie ist und was sie wollte, das in ihr gewachsen war. Sie empfand nun auch eine große Sicherheit darin, Gott in ihrem Leben wahrzunehmen. Sie hatte ein Gespür dafür entwickelt, Gottes Grundberufungen in ihrem Leben zu erkennen und zu leben. Nicht, dass sie alles schon so leben konnte, wie sie es gerne wollte. Aber sie war am Üben. Sie übte sich darin, sich von Gott ganz praktisch lieben zu lassen. Sie übte sich darin, ihre Zeit so einzuteilen, dass sie sie als Geschenk empfand. Schmerz war für sie ein Scout geworden, der ihr zeigte, wo etwas Heilung oder Hilfe brauchte. Und sie spürte, wenn sie nicht mehr um Gott kreiste, sondern nur noch um eine Aufgabe oder um sich selbst.

Die Fragen, die sie gerade beantwortete, begeisterten sie. Nun kam sie endlich auf den Punkt. Die Frage, was ihr so wichtig sei, dass sie es bis zum Tod verteidigen würde, zeigte ihr, dass es ihr um Menschen ging. Bis zum letzten Atemzug würde sie für ihre Familie, für sich selbst und für liebgewordene Menschen kämpfen. Und dann staunte sie über das, was sie noch unter diese Frage schrieb. Sie würde ebenfalls für ungerecht behandelte Menschen kämpfen und für Menschen, die danach suchen, heil zu werden. Menschen, die ihre Berufung und Frieden finden wollen.

Mirjam las weiter: Welchen Prinzipien möchten Sie Ihr Leben widmen? Nun, das konnte sie jetzt sagen: Teamwork, Heilung, Freude, Spaß, Mut, Hoffnung, Hilfe bei der Auftragsfindung, Kreativität und Freiraum.

Was ärgert Sie? Wieder einmal spürte Mirjam die positive Energie der Wut, als sie diese Dinge beim Namen nannte: Ziellosigkeit, Vertuschen von Problemen und Konflikten, passive Aggressivität, eine enge Sicht und enge Lebensweise, zu enge Zeitpläne und zu volles Leben.

Gespannt las sie weiter. Sie sind nun in Berührung mit Ihren Werten und Grundüberzeugungen. Für manche Menschen ist z. B. Gerechtigkeit der höchste Wert ihres Lebens, für andere Freiheit oder Familie. Was sind die Schlüsselworte Ihres Lebens? Erstellen Sie eine Liste Ihrer Grundüberzeugungen entsprechend ihrer Wertigkeit. Welches sind die wichtigsten drei Werte, die Sie in Zukunft leben wollen.

Mirjam schrieb und nummerierte. Dann sah sie auf die drei Worte: Teamwork, Kreativität, Berufung.

Ja, das waren ihre wichtigsten Werte. Ihre Familie und die Menschen, die ihr wichtig waren, fand sie wieder im Begriff „Teamwork". Teamwork war das, was sie mit den Menschen, die ihr am Herzen lagen, leben wollte. Teamwork bedeutete für sie auch, dass Probleme oder Konflikte nicht vertuscht wurden. Die Werte Freiraum, Freiheit, Freude, Spaß, eine weite Sicht, ausgewogene Zeitpläne und ein Leben im Gleichgewicht wurden wiedergegeben durch das Wort „Kreativität". Der Begriff „Berufung" fasste für sie die Sehnsucht nach Heilung, Freude und Frieden zusammen. Denn wer seine Berufung findet, der erlebt Heilung. Und wer Heilung erfährt, findet Frieden und Freude.

Freude mischte sich unter Mirjams Gefühl von wacher Konzentration: Entdeckerfreude und damit verbunden Staunen, Erleichterung, das Gefühl lebendig zu sein und Befriedigung.

Ihr Wunsch, Dinge klar zu haben und ihre Berufung zu kennen, hatten sie nach einer langen Reise zum Ziel geführt. Sie erkannte nun die Grundwerte, die Gott tief in ihr verankert hatte. Das war es, was sie leben, fördern und fordern wollte: Teamwork, Kreativität und Berufung. Jetzt fehlte nur noch eine klare Bestimmung, zu wem genau Gott sie sandte. Doch das war ihr eigentlich schon klar. Ihre Gemeinde – oder?

2.3 Ihre Zielgruppe

> ***Die Menschen, zu denen Gott sie schickt, sind nicht nur Menschen, denen Sie dienen möchten, sondern auch Menschen, durch die Gott Ihnen dient.***

Ihre wichtigsten Werte zu kennen hilft Ihnen, jeden Tag mit einem klaren Bewusstsein für diese Werte zu gestalten. Wenn Sie auf Schwierigkeiten oder Herausforderungen treffen, müssen Sie nicht auf diese Umstände oder auf Emotionen reagieren. Sie können Ihre Entscheidungen auf Grund Ihrer Werte treffen.

Das Wissen, welches Tun Ihr Handeln in Zukunft bestimmen soll, zeigt Ihnen inmitten aller Einwirkungen von außen, was Sie tun und sein wollen. Es gibt Ihnen Orientierung und Entscheidungshilfe für Ihr Handeln im Alltag.

Nun werden Sie erfahren, wie sinnvoll es ist, die Zielgruppe zu kennen, denen Ihr Auftrag gilt.

Jede Mission bedeutet, dass jemandem geholfen wird. Wem wollen Sie helfen? Je detaillierter Sie diese Frage beantworten können, desto konzentrierter und entschiedener können Sie Ihre Mission verfolgen.

Jesus lebte uns diese Konzentration und Entschiedenheit vor. Er weigerte sich, seine Aufmerksamkeit den Nichtjuden zuzuwenden. Er wusste es und er sagte es: „Ich bin nur gesandt zu den verlorenen Schafen des Hauses Israels.“ (Mt.15,25) Er wusste, den Auftrag, Gottes Rettungsbotschaft zu anderen Völkern und Nationen zu bringen, würden seine Jünger erhalten. (Mt. 28,20; Apg. 1,8)

Vielleicht haben Sie, inspiriert durch Mirjams Entdeckungsreise, darüber nachgedacht, welche Nöte welcher Menschen Sie berühren. Vielleicht haben Sie auch geträumt, was Sie tun würden und wem Sie helfen würden, wenn Sie nicht versagen könnten. Die Menschen zu kennen, zu denen Gott Sie sendet, ist eine entscheidende Hilfe und Erleichterung in der heutigen Informations-, Spaß- und Multioptionsgesellschaft, die täglich Hunderte von Entscheidungen von Ihnen fordert, zu bestimmen, wem und was Sie sich widmen und Ihre Zeit geben.

Die Zielgruppe zu kennen, zu denen Gott Sie sendet, wird Ihnen helfen zu entscheiden, wem Sie Ihre Zeit schenken und wem nicht. Dabei sind die Menschen, zu denen Gott sie schickt, nicht nur Menschen, denen Sie dienen möchten, sondern auch Personen, durch die Gott Ihnen dient. Diese Menschen kosten nicht nur Kraft, sonst würden Sie auf Dauer ausbrennen. Es sind auch Menschen, die Ihnen gut tun und bei denen Sie aufblühen. Die Kunst besteht darin, das gemeinsame Thema zu finden, das die Menschen, denen Sie dienen wollen, und die Menschen, die Ihnen dienen, verbindet.

* * *

Mirjam legte den Stift aus der Hand und streckte sich. Die Zielgruppe herauszufinden, war leichter gegangen als sie dachte. Sie hatte Fragen beantwortet, wie mit wem sie gerne zusammen sein möchte, wem sie helfen möchte, wem sie etwas vermitteln möchte oder von wem sie etwas lernen möchte.

Dabei hatte ihr geholfen, dass sie zu Beginn dieser Klausurtage mit ihrer Trainerin herausgefunden hatte, dass sie bis jetzt ihre Zeit und Kraft hauptsächlich ziellosen, festgefahrenen, isolierten Christen gewidmet hatte. Die Entdeckung, dass Ziellosigkeit und Kommunikationsblockaden sie fast automatisch motivierten, diese zu überwinden, war ein wichtiger Hinweis gewesen. Sie hatte erkannt, dass diese Fähigkeit auch das Potenzial hatte, sie auszubrennen, wenn sie nicht lernte, diese Begabung besonnen und überlegt einzusetzen. Das hatten die letzten anstrengenden Wochen und Monate in ihrer Gemeinde sie gelehrt. Doch ehrlich gesagt, das neue Ergebnis verblüffte sie.

Eigentlich hatte sie erwartet, dass ihre Gemeinde als Zielgruppe herauskomme oder Menschen im Gemeindeaufbau. Sie verschränkte die Hände hinter ihrem Kopf und lehnte sich zurück. „Dieses Resultat war wirklich hochinteressant.“ Je mehr sie darüber nachdachte, desto mehr merkte sie, dass ihre ursprüngliche Erwartung, dass Gott sie zu Menschen im Gemeindeaufbau sendet, etwas mit der gemeindlichen Prägung zu tun hatte, in der sie groß geworden war.

Sie erkannte: „Ich habe gelernt, meine Berufung innerhalb der Gemeinde zu suchen und zu leben. Natürlich darf und soll ich mich um meine Familie kümmern. Doch dass meine Familie wirklich auch meine Berufung ist, diese Botschaft wurde mir nicht vermittelt. Eigentlich war da immer der Anspruch: Reichgottesarbeit – also Gemeindearbeit muss Vorrang haben. Deshalb bin ich jetzt auch so überrascht."

Erstaunt schüttelte Mirjam den Kopf . Das, was ihr gerade bewusst wurde, hatte weitreichende Folgen. Nicht nur für sie, sondern auch für die Berufung und den Auftrag ihrer Gemeinde. „Wo hinderte diese unausgesprochene Erwartungshaltung ihrer Gemeindeprägung „Gemeindearbeit muss Vorrang haben" auch andere, dass sie dort aufblühten und gelassen und selbstbewusst ihre Berufung sahen und lebten, wo sie tagtäglich die meiste ihrer Zeit verbrachten? War denn Reichgottesarbeit wirklich Gemeindearbeit? Oder bedeutete es nicht viel mehr, dass überall dort, wo Christen lebten und arbeiteten, dort auch Gott durch sie sein Reich bauen wollte. Hatte Jesus nicht das gemeint, als er seine Jünger aufforderte, Salz und Licht zu sein. Salz gehört in die Suppe. Christen gehören in die Welt.

Erregt stand Mirjam auf und ging zum offenen Fenster ihres Gästezimmers. Sie stützte ihre Arme aufs Fensterbrett und sah hinaus. Ihr Blick fiel auf Zwetschgenbäume, unter ihnen kahle, braune, aufgescharrte Erde und Hühner, die in diesem mit Maschendraht umgrenzten Gartenstück pickend umherliefen. Dann entdeckte sie zwei, nein drei Hühner, die nebenan auf einer grünen Wiese ihr Futter suchten. Nachdenklich ruhten Mirjams Augen auf diesem Bild. „Lebte ihre Gemeinde am Ende auch in einem zu engen Gehege?"

Sie beobachtete die zwei weißen und das braune Huhn, die fast im grünen Gras verschwanden. Der Missionsbefehl kam ihr in den Sinn. Darum gehet hin in alle Welt und macht die Menschen zu meinen Jüngern und Jüngerinnen (Mt. 28,30 GN). Mirjam seufzte. „Hingehen - ihre Gemeinde dagegen verbrachte ihre Zeit und Energie eher damit, Menschen in die Gemeinde hineinzubekommen, anstatt wie diese drei Hühner hinauszugehen und mit ihnen zu leben.“ Dann kam ihr ihr Leitungsteam in der Gemeinde in den Sinn. „Wie viel Zeit, Kraft und Überlegung verbrachten sie in der Gemeindeleitung damit, ihre Mitglieder zu motivieren, Aufgaben in der Gemeinde zu übernehmen?“

Mirjam blickte auf das Dutzend Hühner im Gehege. Dann ließ sie ihre Augen zu den Hühnern wandern, die in der angrenzenden Wiese umherspazierten. Sie spürte, wie sie das Verhalten dieser drei freiheitsliebenden Hühner bewunderte. Sie waren außerhalb des Geheges und doch blieben sie in der Nähe der anderen. Doch wie war es in ihrer Gemeinde? Wer bekam bei ihnen in der Gemeinde Anerkennung und Wertschätzung? Als sie über die Antwort nachdachte, spürte Mirjam einen zunehmenden Kloß im Hals und gleichzeitig eine Wut im Bauch.

Anerkennung und Wertschätzung bekamen die, die etwas sichtbar in der Gemeinde taten, in der Kinderarbeit, in der Seniorenarbeit, im Gottesdienst-Vorbereitungsteam. Doch, was war mit Ilse, dieser 60jährigen Witwe, die „nur“ in den Gottesdienst kam und sich sonst im Hospiz-Verein engagierte? War sie nicht wie eines dieser drei Hühner auf der Wiese außerhalb des Geheges? Und was war mit Tobias, dem 17jährigen Sohn von Tanja und Martin? Der Gottesdienst war ihm zu langweilig, er ging „nur“ in die Jugendgruppe und ansonsten engagierte er sich im Naturschutzverein. Hatten diese beiden am Schluss einfach ein Gespür für ihre Mission und Berufung und lebten sie mutig, auch wenn das sonst niemand in der Gemeinde begriff?

Die Gedanken wirbelten nur so durch Mirjams Kopf. Sie schluckte. Die Enge im Hals zeigte ihr, dass sie dabei war, die Engstelle ihres Gemeindesystems zu entdecken. Das machte ihr Angst. Doch die Wut im Bauch zeigte ihr, dass sie auch dabei war, eine große Ungerechtigkeit und Lüge in ihrer Gemeinde aufzudecken, die sie doch so sehr liebte. Das würden ihr die anderen nie glauben. Wenn sie dieses Bild von den Hühnern innerhalb und außerhalb des Maschendrahtzauns weitergeben würde, würden die, die sich innerhalb des Zauns empfanden, sich angegriffen fühlen. Es würde Diskussionen um falsch und richtig auslösen. Ohnmacht und Traurigkeit griffen nach ihr.

Der Raum wurde ihr plötzlich zu klein. Sie musste raus. Diese Entdeckung musste sie verarbeiten. Und keinesfalls wollte sie sich lähmen lassen. Mirjam zog ihre Jogging-Schuhe an. Kurze Zeit später trabte sie über einen Feldweg. Sie konzentrierte sich auf ihre Atmung und bald hatte sie ihren Rhythmus gefunden, in dem sie ausdauernd mindestens eine halbe Stunde laufen konnte. „Gott – was soll ich nur machen? Was soll ich nur mit dieser Entdeckung machen?" Mirjam lauschte. Sie spürte den Tumult und Aufruhr in ihr. Doch dann merkte sie, wie sich langsam ein Gedanke formte. „Sie ist für dich." „Wie meinst du das, sie ist für dich?", antwortete Mirjam der leisen Stimme in ihrem Herzen. „Auf welcher Seite des Maschendrahtes hast du dich bis vor kurzem befunden?" „Innerhalb," antwortete Mirjam.

Die Stimme schwieg. Mirjam dachte über ihre Antwort nach. Was hatte sie bewogen, den Zaun zu überfliegen? Sie überlegte: Unzufriedenheit? Schmerz? Die tiefe Sehnsucht, zu wissen, was meine Berufung ist? Und dann kam es ihr: Andere Hühner, es waren Hühner außerhalb des Zauns, auf der Wiese gewesen! Sie hatte Menschen kennen gelernt, die ihre Berufung kannten und umsetzten trotz Schwierigkeiten. Mitten im Laufen musste Mirjam grinsen. Es waren Neid und Bewunderung gewesen, die sie „in die Pötte gebracht" hatten. Diese Menschen hatten in ihr den Wunsch und das Bedürfnis ausgelöst: Das möchte ich auch haben. Ich möchte auch meine Berufung wissen und leben – trotz Widerständen.

Freude und Erleichterung stieg in ihr auf. Sie begriff, sie musste die anderen oder das System ihrer Gemeinde nicht verändern. Es ging nicht darum, andere mit dem Zaun zu konfrontieren. Es ging darum, dass sie ihre Berufung lebte innerhalb und außerhalb des Zaunes, solange es diesen Zaun gab.

Ein Satz fiel ihr ein, den sie von einer Freundin gehört hatte.

Sie war auch eine von denen, die aufgehört hatten, andere verändern zu wollen, sondern stattdessen ihr eigenes Leben veränderte. Ihre Freundin hatte dieses Motto von Sue Miller, der Leiterin von Promiseland, einer großen gemeindlichen Kinderarbeit in Chicago gehört. Sue Miller hatte gesagt: Model the vision, that others may get it. Lebe deine Vision vor, damit andere sie begreifen. Lebe deine Vision! Das war doch auch das Motto ihrer Trainerin.

Mirjam hob den Kopf. Sie spürte, wie sich ihre Beinmuskeln gleichmäßig anspannten und entspannten. Der Schweiß floss nun und mit ihm baute sich ihre innere Anspannung ab. Dieses Motto „model the vision, that others may get it" gefiel ihr. Und dann wurde ihr bewusst: „Wenn ich meine Berufung lebe, so wie die Leiter und Personen, die ich bewundere, dann wird mein Leben automatisch andere inspirieren. Es ist wie bei diesen Hühnern. Wenn ich in der grünen Wiese umherspaziere und die vielen grünen Blätter, Grashalme und Regenwürmer genieße, dann wird es die, die Sehnsucht danach haben, motivieren, es mir gleich zu tun. Wenn ich meine Vision lebe, wird es anderen den Blick für die Möglichkeit eröffnen, ebenfalls ihre Vision zu leben."

So langsam begriff sie Gott hinsichtlich ihrer Berufung. Und sie staunte. Nach dieser Entdeckung, die ihr erst mal einen gewaltigen Schrecken eingejagt hatte, machte ihre Zielgruppe noch viel mehr Sinn. Sie hatte herausgefunden, dass Gott sie zu einzelnen Menschen und Teams sandte, die nach ihrer Berufung, nach Zielen und nach Weiterentwicklung suchen und sie leben wollen. Ihre Aufgabe war nicht, Zäune zu verändern. Ihre Aufgabe war, Menschen, die Zäune wirklich verlassen wollten, zu fördern, zu fordern und mit ihnen Kreativität, Teamwork und gottgewolltes Leben zu leben. Darauf freute sie sich. Mit solchen Menschen zusammen zu sein, das würde sie immer wieder motivieren und ihr Kraft geben.

Mirjam blickte auf ihre Armbanduhr. Es war Zeit für ihr letztes Treffen mit ihrer Trainerin. Danach würde sie nach Hause fahren. Die drei Tage Auszeit für ihre Berufungssuche waren vorbei.

2.4 Ihr Leitbild

> *Gottes Berufung für Ihr Leben ist etwas zutiefst Leben Spendendes und Heilsames, für Sie selbst und für andere.*

Ihre Berufung ist kein Dienst! Ihre Berufung ist mehr als ein Beruf oder eine Aufgabe, so sehr diese auch zu Ihnen passen mögen. Ihre Berufung ist auch mehr als ein Platz, an dem Sie aufblühen. Sie ist etwas Tieferes und Schöneres. Ihre Berufung ist ein Grundthema, eine Grundmelodie Ihres Lebens, das Sie immer und überall leben können.

Ein Mission Statement oder auch Leitbild ist eine Möglichkeit, diese Grundmelodie Ihrer aktuellen Berufung zu erfassen. Es ist hilfreich, wenn es auf den Punkt bringt

- 1. welches Tun Ihr Handeln bestimmen soll,
- 2. welche Werte Sie leben möchten,
- 3. wer Ihre Zielgruppe ist.

Das Wissen, welches Tun Ihr Handeln in Zukunft bestimmen soll, zeigt Ihnen inmitten aller Einwirkungen von außen, was Sie tun und sein wollen. Es gibt Ihnen Orientierung und Entscheidungshilfe für Ihr Handeln im Alltag.

Ihre wichtigsten Werte zu kennen hilft Ihnen, jeden Tag mit einem klaren Bewusstsein für diese Werte zu gestalten. Sie sind neben den Verben der zweite Orientierungspunkt für das, was Sie zutiefst leben wollen. Wenn Sie auf Schwierigkeiten oder Herausforderungen treffen, müssen Sie nicht auf diese Umstände oder auf Emotionen reagieren. Sie können überlegen, wie Sie Ihre Werte in dieser Situation umsetzen wollen.

Die Menschen zu kennen, zu denen Gott Sie sendet, wird Ihnen helfen zu entscheiden, wem Sie Ihre Zeit schenken und wem nicht.

Kennzeichen eines guten Leitbildes

Ein gutes Mission Statement sollte folgende Kriterien erfüllen.

- Es sollte genau zu Ihnen passen und Beruf und Privatleben von Ihnen abdecken.
- Ein gutes Mission Statement ist
  - inspirierend
  - klar
  - und erfüllend.
- Es wird in ihm etwas sichtbar von Gottes Leidenschaft, Werten und Sorge bzw. Absichten für die Welt.
- Sie dienen darin nicht sich selbst, sondern anderen.
- Und doch hält es Sie in Balance. Denn Ihre Werte und Ihr Tun sollten für Sie und für die, denen Sie dienen, etwas zutiefst Leben Spendendes und Heilsames sein.
- Ihr Mission Statement sollte beide „Drehungen" vereinen: Ihre Grundberufungen von Gott und Ihren ganz speziellen Auftrag.
- Ein gutes Mission Statement sollte für Außenstehende verständlich sein.

Das bedeutet nicht, dass andere von Ihrem Auftrag auch begeistert sein müssen. Aber sie sollten verstehen können, was Sie leben möchten.

Ein „inneres Verständnis" bringen meist nur diejenigen auf, die eine ähnliche Berufung bzw. ähnliche Werte haben.

Die Überprüfung Ihres Leitbildes

Das Wichtigste an einem Mission Statement ist, dass man damit lebt und in Bewegung ist.

Dies beginnt mit der Reflexion und Überprüfung des Leitbildes durch die eben genannten Kriterien. Achten Sie darauf, wie es Ihnen mit Ihrem Mission Statement geht. Welches Gefühl haben Sie, wenn Sie es lesen? Spricht es Ihr Herz an? Wenn Sie Angst oder Überforderung spüren, dann ist die Formulierung Ihres Mission Statements noch nicht passend.

Als nächsten Schritt ist es hilfreich, ein Bild, ein Logo, etwas Plastisches, das Ihr Mission Statement wiedergibt, zu entwickeln. Wir leben viel mehr mit „inneren Bildern“ als mit Sätzen. Bilder haben eine große Kraft, uns Wahrheit zu vermitteln und Hoffnung zu geben. Machen Sie Ihre Mission tastbar, schmeckbar, sehbar, hörbar.

Wenn Sie merken, dass das „Bild“ und der Wortlaut Ihres Mission Statements einigermaßen passen, fangen Sie an, es zu leben. Dies ist der dritte Schritt. Richten Sie Ihr Leben danach aus. Wie Sie das konkret umsetzen können, erfahren Sie in den nächsten Kapiteln. Verändern Sie den Satz oder das Bild, wenn Sie merken, dass Sie etwas korrigieren möchten. Eine wichtige Frage, der Sie sich stellen müssen, wird sein: Passt Ihre Mission mit der Mission Ihres Arbeitgebers überein?

Wenn sich Ihr Auftrag nicht mit dem Ihres Arbeitgebers vereinbaren lässt, sind Konflikte, Spannungen und negativer Stress programmiert. Ideal ist es, wenn die Mitarbeiter das Mission Statement Ihres Arbeitgebers kennen und umgekehrt und beide einander ergänzen.

Gottes Berufung ist das, wozu er Sie geschaffen hat, es zu leben und zu tun. Gottes Mission für Ihr Leben ist etwas zutiefst Leben Spendendes und Heilsames, für Sie selbst und für andere. Seine Berufung macht Sie lebendig und heil. Und sie wird sie herausfordern zu wachsen. Seine Berufung wird Sie herausfordern, die Person zu werden, zu der Gott Sie geschaffen hat. Herausforderung und Heilsames, beides wird Ihr Mission Statement enthalten. Doch Herausforderung, die Sie wollen und die Ihnen gut tut. Dinge, die Gott zutiefst in Ihrer Sehnsucht und Ihrem Wollen verankert hat. Fragen Sie sich: Ist mein Mission Statement klar, inspirierend und erfüllend?

* * *

Beschwingt ging Mirjam durch das fränkische Dorf. Eine kurze Dusche nach dem Jogging hatte sie erfrischt. Und nun genoss sie ein letztes Mal die blühenden Vorgärten und die Blumenpracht, die fast überall Fenster, Pfosten und Gartenzäune schmückte. Ab und zu mischte sich ein Geruch von Kuhdung und Schweinemist in die milde Sommerluft. Sie sah Haflinger, die auf einer großen Wiese weideten, und Ziegen, die auf einem abgestellten Anhänger umher hüpften.

„Was ist Ihr Anliegen für unser letztes Gespräch hier vor Ort?" Mirjam sah in die freundlichen, fragenden Augen der Trainerin. Sie holte tief Luft. Dann sagte sie: „Ich möchte, dass Sie sich mein Mission Statement und die Schritte, die ich dahin gegangen bin, ansehen. Ich würde gerne mit Ihnen reflektieren, ob das Leitbild so für mich passt."

Die Trainerin nickte leicht mit dem Kopf. „Okay, das kann ich machen. Kamen Sie denn dazu, die Reflektionsfragen über Ihr Mission Statement zu beantworten?" Mirjam schüttelte den Kopf. „Nein, das habe ich nicht mehr geschafft." „Gut, dann sagen Sie mir doch einfach, bevor ich mir Ihre Schritte ansehe, wie geht es Ihnen mit Ihrem Leitbild, das Sie erarbeitet haben?"

Mirjam überlegte. „Hm, ganz gut ..." Sie schwieg. Verblüfft merkte sie, dass sie gar nicht genau sagen konnte, wie es ihr mit diesem Satz ging. Sie suchte nach Worten: „Äh, ich weiß nicht, am Anfang, als ich die einzelnen Puzzle-Teile zusammen trug, wie die Werte, die Verben oder die Zielgruppe war ich total begeistert über diese Bündelungen. Es war, wie wenn mich etwas genau beschreibt oder auf den Punkt bringt. Doch am Schluss, dieser Satz, irgendetwas passt nicht. Wie wenn der Pepp fehlt ..." Fragend und etwas verwirrt sah Mirjam ihre Trainerin an. Diese lächelte und sagte: „Nun bin ich wirklich gespannt auf Ihr Leitbild: Wie lautet es denn?"

Mirjam öffnete ihr Kursheft und blätterte. Dann las sie: „Es ist meine Mission, einzelne Menschen und Teams, die nach ihrer Berufung, nach Zielen und Weiterentwicklung suchen und danach leben wollen, zu fördern, zu fordern und in ihrer Nähe zu leben. Dabei lege ich großen Wert auf Kreativität, Teamwork und gottgewolltes Leben." Gespannt blickte Mirjam zu ihrer

Trainerin, um ihre Reaktion zu sehen. Diese sah nachdenklich aus, schließlich huschte ein leises Lächeln über ihr Gesicht. „Jetzt verstehe ich Ihre Reaktion auf Ihr Leitbild. Es klingt wirklich etwas steif, doch das liegt an der Formulierung des zweiten Satzes. Lassen Sie uns doch einfach der Reihe nach vorgehen. Sie möchten, dass ich mit Ihnen Ihr Leitbild und die Schritte, die Sie dahin gegangen sind, reflektiere und überprüfe, so dass Sie sich sicher werden, ob es zu Ihnen passt?" Die Trainerin sah Mirjam fragend an. Mirjam nickte.

„Okay, fangen wir mit dem Tun an, das in Zukunft Ihr Handeln bestimmen soll. Wie geht es Ihnen mit diesen drei Wörtern „fördern, fordern, leben?"

„Gut", erwiderte Mirjam. Dabei wurden ihre vorher nachdenklichen Gesichtszüge lebendig. „Als ich sie endlich auf dem Papier vor mir hatte, dachte ich, ja, das gibt zutiefst das wieder, was ich leben will. Und ich empfinde eine gesunde Balance bei diesen Tätigkeitswörtern. Würde ich andere nur fördern oder fordern, würde ich mit der Zeit ausbrennen. Würde ich nur leben, würde mir das Herausfordernde und das, was mir Spaß macht, fehlen."

„Das heißt also", sagte die Trainerin, „sowohl Ihr Verstand als auch Ihr Gefühl sagen: das passt. Diese drei Verben beschreiben, was vor allem Sie leben möchten. Mirjam nickte.

„Okay, gehen wir weiter. Kann ich mal Ihr Heft haben?" Mirjam reichte der Trainerin ihr Kursheft und beobachtete gespannt, wie deren Augen über ihre Antworten huschten. Schließlich blickte diese sie an und fragte: „Wie geht es Ihnen mit den drei Werten „Kreativität, Teamwork und gottgewolltes Leben?" Froh, ihre Unsicherheit ansprechen zu können, antwortete Mirjam: „Eigentlich gut. Kreativität passt, Teamwork passt, nur der Begriff „gottgewolltes Leben" kam überraschend. Eigentlich hatte ich Berufung als Wert herausgearbeitet. Doch als ich das Mission Statement schrieb, kam mir plötzlich stattdessen der Begriff „gottgewolltes Leben". „Bei welchem Begriff empfinden Sie mehr Frieden und Freude?", fragte die Trainerin. Überraschung und dann Verstehen huschten über Mirjams Gesicht. „Ah, die Trostregel. Hm - gottgewolltes Leben klingt für mich leichter, nach weniger Arbeit. Bei Berufung denke ich auch an Beruf und fühle mich eher festgenagelt. Gottgewolltes Leben hört sich nach mehr Freiraum an. Es hört sich weiter und größer an. Und es schließt den Begriff Berufung ein."

Mirjam saß nun aufrecht im Korbstuhl. Die letzten Worte hatte sie mit weit ausholenden Gesten unterstrichen. Ihre Trainerin lächelte: „Gut, wie beantworten Sie jetzt nach dieser Reflektion die Frage: Wie geht es Ihnen mit diesen drei Werten Kreativität, Teamwork und gottgewolltes Leben?"

Mirjam lehnte sich zurück in den Stuhl und antwortete lächelnd: „Sehr gut. That´s it. Denn damit wirke ich genau dem entgegen, was ich hasse, nämlich Ziellosigkeit, passive Aggressivität und Vertuschen von Konflikten."

„Nun zur Zielgruppe!" Aufmerksam las die Trainerin in Mirjams Unterlagen. Dabei lachte sie leise. „Warum lachen Sie?", fragte Mirjam. Die Trainerin antwortete: „Ich erinnere mich an unser Eingangsgespräch. Sie erzählten, dass Sie sich so ausgebrannt fühlten, und ich fragte sie, welchen Menschen sie in den letzten Monaten ihr Hauptaugenmerk gegeben hatten. Sie antworteten ziemlich schnell aus dem Bauch heraus: ziellosen, festgefahrenen, frustrierten Christen." „Isoliert, nicht frustriert", warf Mirjam ein. Die Trainerin nickte. „Okay, der Begriff frustrierend war wohl meine Assoziation. Jedenfalls lache ich, weil ihre jetzige Zielgruppe eine 180-Grad-Wendung ist. Einzelne Menschen und Teams, die nach ihrer Berufung, nach Zielen und Weiterentwicklung suchen und leben wollen, das ist das Gegenteil von ziellosen, festgefahrenen, isolierten Christen."

Mirjam lehnte sich entspannt zurück in den Stuhl. „Tja, Sie haben in ihrem Kurs gute Fragen gestellt. Das war eine echt entspannende und befreiende Entdeckung, dass es zwischen den Menschen, denen ich helfen möchte, und denen, die ich bewundere und mit denen ich gerne zusammen bin, ein gemeinsames Thema gibt, dass es nämlich Menschen sind, die sich nach Veränderung sehnen und wachsen wollen. Wirklich wachsen wollen."

„Und wie geht es Ihnen nun mit dieser neuen Zielgruppe?" Erstaunt sah Mirjam zur Trainerin, als sie ihr diese Frage stellte. Hatte sie diese Frage nicht schon indirekt beantwortet? Warum wollte ihr Coach hier so explizit ihr Gefühl wissen? Sie war versucht, mit einem schnellen „gut" zu antworten. Ärger stieg in ihr auf. Dieses gründliche Nachfragen ärgerte sie plötzlich. Doch warum ärgerte sie das? Hatte sie ihrer Trainerin nicht den Auftrag gegeben, nachzufragen und das Mission Statement mit ihr zu überprüfen. Was war hier los?

Der Korbstuhl knarrte, als sie sich zurücklehnte und ihre Arme verschränkte. Nachdenklich kaute Mirjam auf der Unterlippe. Sie merkte, wie sie sich innerlich verschanzte und auf Abwehr ging. „So ein Mist! Das Letzte, worauf ich jetzt Bock habe, ist ein Konfliktgespräch mit meiner Trainerin. Doch wenn ich es nicht anspreche, wird alles Weitere unecht verlaufen."

Sie hörte die Stimme ihres Coaches. „Worüber denken Sie gerade nach, Mirjam?" Mirjam seufzte, wandte ihren Blick vom Fenster ab und schaute in das Gesicht ihrer Trainerin. „Ich habe mich gerade über Sie geärgert und bin nun am Überlegen, was ich damit mache und woher das kommt."

Ihre Trainerin sah sie aufmerksam an. „Was genau hat Sie geärgert?" „Mich ärgerte, dass Sie noch mal nachfragten, wie es mir mit meiner Zielgruppe geht, obwohl ich Ihnen kurz zuvor erzählte, dass das eine befreiende Entdeckung war." Ihre Trainerin nickte leicht mit dem Kopf. „Und was war Ihr Bedürfnis mir gegenüber gewesen?" „Hm – dass Sie mich verstehen und stehen lassen." Und nach einer Pause fügte Mirjam hinzu: „Schutz!"

Die Trainerin schwieg. Sie schien nachzudenken. Dann sah sie Mirjam warm und fragend an. „Das, was Sie entdeckt haben, scheint Ihnen sehr wertvoll zu sein. So wertvoll, dass Sie es noch schützen möchten?" Mirjam nickte. Dann fragte sie Mirjam: „Was wünschen Sie sich jetzt von mir?"

Mirjam blickte aus dem Fenster. Puh – die letzten Minuten waren anstrengend, aber auch gut gewesen. Gut, dass sie ihren Ärger ernst genommen hatte. So hatte sie herausgefunden, dass die Entdeckung ihrer Zielgruppe etwas war, was noch des Schutzes und des Stehen-Lassens bedurfte. Doch wo wollte, sollte sie jetzt weitermachen? Was wünschte sie sich von ihrer Trainerin? Schutz, doch das hatte sie ja schon gesagt.

Mirjam spürte, wie sie langsam müde wurde. So vieles hatte sie heute entdeckt und bearbeitet. Die Müdigkeit sagte ihr, es war genug. Doch eigentlich hätte sie gerne ihr Mission Statement mit nach Hause genommen und das Gefühl gehabt, es passt. Ah, das war es, was sie sich wünschte: Hilfe!

Mirjam wandte sich zu ihrer Trainerin. „Ich sagte Ihnen doch am Anfang, dass die einzelnen Entdeckungen der Puzzleteile des Mission Statements mich inspirierten. Doch dass bei meinem Satz mir irgendwie der Pepp fehlt. Sie sagten, dies läge am zweiten Satz. Ich wünsche mir hier von Ihnen Hilfe. Wie kann ich es besser formulieren?“

„Heißt das, Sie hätten gerne einen konkreten Vorschlag?“ Mirjam nickte. „Ja, ich bin müde. Das würde mir helfen.“

Ihr Coach nickte und blätterte in den Unterlagen. Sie schreiben: Es ist meine Mission, einzelne Menschen und Teams, die nach ihrer Berufung, nach Zielen und Weiterentwicklung suchen und danach leben wollen, zu fördern, zu fordern und in ihrer Nähe zu leben. Dabei lege ich großen Wert auf Kreativität, Teamwork und gottgewolltes Leben.“

„Mein Vorschlag ist: Streichen Sie den zweiten Satz. Das klingt so steif. Bauen Sie die Werte in den ersten Satz ein. Zum Beispiel so: Es ist meine Mission, einzelne Menschen und Teams, die nach ihrer Berufung, nach Zielen und Weiterentwicklung suchen und danach leben wollen, zu fördern und zu fordern und mit ihnen Kreativität, Teamwork und gottgewolltes Leben zu leben.“

Gespannt sah die Trainerin zu Mirjam. „Ist es das, was Sie wollen?“ Mirjams müdes Gesicht hellte sich auf. „Das ist es. Ja, ich will Kreativität, Teamwork und gottgewolltes Leben leben.“ „Wollen Sie diese drei Werte mehr alleine umsetzen und leben oder wollen Sie diese Werte mit anderen leben?“ Mirjam überlegte. „Zusammen mit anderen!“ „Gut“, erwiderte die Trainerin, dann würde es passen, wenn Sie im Mission Statement sagen, dass Sie Kreativität, Teamwork und gottgewolltes Leben mit ihnen leben wollen.“

Die Trainerin lehnte sich zurück und sah Mirjam prüfend an. „Wie geht es Ihnen jetzt Mirjam?“ Mirjam seufzte: „Gut! Ich habe es geschafft! Ich fühle mich, wie wenn ich gerade einen Gipfel erklommen hätte. Noch erschöpft und müde, aber schon fasziniert von der Aussicht. Ich glaube, jetzt muss ich mir erst mal Zeit nehmen, den Gipfelblick zu genießen und zu entdecken, was ich von hier aus alles sehen kann.“

2.5 Ein Auftrag mit Zuspruch

Gott gibt keinen Auftrag ohne Zuspruch, wie Hindernisse und Handicaps überwunden werden können.

Wenn Sie Ihre Berufungshinweise entdecken, sammeln und bündeln, wird es sich für Sie immer mehr herauskristallisieren, was Gottes Auftrag für Ihr Leben ist. Sie werden spüren, wie sehr Sie sich danach sehnen, diese Berufung zu leben. Sie merken, wie Ihr Herz dabei schlägt und alles in Ihnen sagt: Ja, das will ich tun. Das ist das, wonach sich mein Herz sehnt. Das ist das, was ich zutiefst sein und leben möchte. Diese verschiedenen Aspekte halten mein Leben in Balance.

Vielleicht fühlen Sie neben der Sehnsucht und der Begeisterung auch noch eine andere Regung: Furcht. Und das ist gut so. Denn dies zeigt, Sie sind sich bewusst, dass Sie aus eigener Kraft und Fähigkeit diese Berufung nicht leben können. Es zeigt auch, dass Sie sehr wohl um Ihre Schwächen, Ihre Narben, Ihre Begrenzungen und Ihre Fehler wissen.

Ich habe eine gute Nachricht für Sie: Gott gibt keinen Auftrag ohne Zuspruch. Wenn Gott Sie für etwas beruft, dann ist es bei ihm schon Realität. Doch weil wir Schwierigkeiten, haben das zu begreifen, macht er uns Mut. Er weiß, welche inneren oder äußeren, scheinbar unüberwindbaren Hindernisse und Handicaps wir sehen. Deswegen spricht er diese Hindernisse und Handicaps ganz klar bei der Berufung an. Er sagt schlichtweg seine Sicht. Er offenbart uns die tiefere Realität. Er zeigt uns das, was für uns vielleicht noch unsichtbar ist, aber bei ihm schon existiert, weil er es so beschlossen hat. Hier einige Beispiele:

Aufträge mit Zusprüchen in der Bibel

Als Jesus vierzig Tage nach seiner Auferstehung seine Jünger verlässt, gibt er ihnen einen Auftrag. Bevor er sie verlässt, erinnert er sie noch einmal daran, was ihre Berufung ist: „... gehet hin, machet zu Jüngern alle Völker: Taufet sie auf den Namen des Vaters und des Sohnes und des heiligen Geistes und lehret sie halten alles, was ich euch befohlen habe.“ (Mt. 28,20) Ein klarer Auftrag. Er sagt ihnen, welches Tun in Zukunft ihr Handeln bestimmen soll: hingehen, zu Jünger machen, taufen, lehren. Er weist ihnen die Zielgruppe zu: alle Völker. Und die Werte, die in Zukunft ihr Handeln bestimmen soll, nennt er auch: Was sie tun, sollen sie tun im Namen des Vaters, des Sohnes und des Heiligen Geistes. Das, was Jesus sie gelehrt hat, sollen sie halten und weitergeben.

Meines Erachtens ist dies ein großer, ein begeisternder Auftrag. Ich denke aber auch: Es ist ein Auftrag, bei dem sich die Jünger gefragt haben werden: „Wie in aller Welt sollen wir das bewerkstelligen, jetzt, wo Jesus uns verlässt?“ Ich glaube, das größte Hindernis und Handicap für die Jünger bestand darin, dass sie davor standen, Jesus ein zweites Mal zu verlieren. Solange er bei ihnen war, war vieles kein Problem. Er brachte die Dinge unter Kontrolle. Doch ohne ihn – wie sollte das gehen?

Jesus wusste um diese innere Not seiner Freunde. Und deswegen erinnerte er sie nicht nur an ihren Auftrag und ihre Berufung. Sondern er erinnerte sie auch an seine Macht und daran, dass er immer bei ihnen sein würde. Er sagte: „Mir ist gegeben alle Gewalt im Himmel und auf Erden. Darum gehet hin, ...“ Und dann beschließt er diesen Auftrag mit den Worten: „Und siehe, ich bin bei euch alle Tage, bis an der Welt Ende.“ Jesus bettet seinen Auftrag in einen Zuspruch ein, der eine Prophezeiung war, wie die Hindernisse und Handicaps überwunden werden würden.

Kennen Sie die Berufungsgeschichte von Simon Petrus? Das Lukasevangelium berichtet davon im 5. Kapitel (Verse 1-11). Jesus hatte sich in ein Boot von Petrus gesetzt, weil er von dort aus besser zu den Leuten am Ufer reden konnte. Als er fertig war, schickte er Petrus noch mal zum Fischen auf den See. Und zwar zu einer Tageszeit, die für Fischfang gänzlich ungeeignet ist. Doch Petrus gehorcht. Der Fang ist so groß, dass sie Verstärkung von einem zweiten Boot brauchen und trotzdem fast sinken. Ein tolles Ereignis, doch für Petrus ist es noch mehr. Er freut sich nicht an dem Fang, sondern als Fischer begreift er, welche Macht und Autorität dieser Jesus haben muss. Und das erschüttert ihn. Er erschrickt. Angesichts dieser Vollmacht Jesu erkennt er, wer er selber ist: ein sündiger Mensch, der vor der Heiligkeit und Autorität Gottes nicht bestehen kann. Und er wirft sich Jesus zu Füßen und bittet ihn: „Geh weg von mir! Ich bin ein sündiger Mensch." Das heißt soviel wie: Du und ich, wir passen nicht zusammen.

Dieses Denken ist sein Handicap. Das ist sein inneres Hindernis. Jesus möchte ihn berufen. Er soll sein Jünger werden, ihm nachfolgen. Anstatt Fische soll er in Zukunft „Menschen für das Reich Gottes fangen". Doch er hält es für unmöglich, weil ihn eine tiefe Furcht ergriffen hat. Und Jesus spricht – wie bei vielen anderen Berufungen - auch hier erst eine Ermutigung und Zusage aus. Er sagt: „Fürchte dich nicht!" Und dann kommt erst der Auftrag: „Von nun an wirst du Menschen fangen."

Gott gibt Ihnen keinen Auftrag ohne Zuspruch. Mit Ihrer Mission bekommen Sie auch eine prophetische Verheißung. Und in diesem Zuspruch liegt der Hinweis und die Autorität, wie Sie die inneren und äußeren Hindernisse überwinden können, die sich Ihrer Berufung in den Weg stellen.

Unsere Berufung setzt sich zusammen aus dem Zuspruch der Realität Gottes und aus einem Auftrag. Es ist eine Berufung zum Sein und Tun. Wenn Gott etwas sagt, dann geschieht es auch. Denn sein Wort hat schöpferische Kraft.

* * *

Erleichtert schloss Mirjam die Tür hinter Sven. Wie immer hatte ihr Sohn sich mit allem möglichen beschäftigt, nur nicht mit dem Frühstück. Wie kann man morgens nur so viel reden? Mirjam genoss die Stille, die nun das Haus erfüllte. Sie durchquerte die Küche und ignorierte den Tisch mit den Resten von Milch in den Tassen, den verschütteten Cornflakes und der dahinschmelzenden Butter. Dies war ihre Gelegenheit. Eine Stunde Zeit für sie. Die Beseitigung des morgendlichen Chaos musste warten. Gott sei Dank, gab es die Erfindung des Anrufbeantworters. Mochte anrufen, wer wollte, sie hatte nun einen Termin – mit sich selbst.

Zielstrebig ging sie auf den schmucken Sekretär zu, der im Wohnzimmer stand. Rechts davon stand ein schmales hohes Regal mit ihren Büchern und Ordnern. Dies war ihr kleines Reich, das jeder in der Familie achtete. Von hier aus konnte sie den weiten Blick in den Garten genießen. Durchs gekippte Fenster hörte sie das feine Rauschen des Sommerregens.

Mirjam setzte sich auf den alten Stuhl mit Korbgeflecht und öffnete die Klapplade. Wie immer genoss Mirjam die wundervollen Holzintarsien der Schubladen. Sie griff in die tiefe Nische unter den kleinen Schubladen und holte das vierte Heft ihres Berufungskurses hervor.

Nachdenklich blickte sie aus dem Fenster in das gleichförmige Grau des Himmels und das dunkle Grün des Gartens. Sie spürte, wie der morgendliche Adrenalinspiegel verebbte und sie langsam zur Ruhe kam. Doch was sie nun wahrnahm, war ihr unangenehm. Genau vor diesen Gefühlen floh sie seit Tagen. Aber je mehr sie vor ihnen davonlief, desto stärker waren sie geworden. Und deshalb hatte sie nun einen Termin mit sich selbst. Mirjam sah, wie der Regen auf die Blätter der Kastanie prasselte und abperlte. Sie seufzte: „Oh Gott, in mir ist es genauso trüb, trist und trostlos wie draußen. Irgendetwas in mir weint. Bitte zeige mir, was los ist."

Entschlossen nahm sie ein Blatt und schrieb darauf: Womit bin ich unzufrieden? Was macht mich traurig? Was ist so trist und trostlos? Dann zog sie um jede Frage einen Kreis und fing an, ihre Gedanken aufzuschreiben. Schließlich blickte sie auf ihr Papier, das nun voller Pfeile und umkringelter Aussagen war. In der Mitte hob sich ein Satz ab, den sie mehrfach umkringelt hatte. „Ich schaff es nicht!" Das also war der Gedanke, der sie so traurig machte.

Mirjam starrte gedankenverloren vor sich hin. „Und jetzt, Gott – was soll ich jetzt tun?“, flüsterte sie. Vier Wochen war es nun her, dass Sie begeistert und tief erfüllt von ihrer Berufungssuch-Klausur zurückgekommen war. Ihre Familie hatte sie sofort mit Beschlag belegt, doch die Entdeckungen ihres Leitbildes hatten weiter in ihr gearbeitet. Wohl hundert mal hatte sie sich in der ersten Woche ihr Leitbild aufgesagt: Es ist meine Mission, einzelne Menschen und Teams, die nach ihrer Berufung, nach Zielen und Weiterentwicklung suchen und danach leben wollen, zu fördern, zu fordern und mit ihnen Kreativität, Teamwork und gottgewolltes Leben zu leben.

Fasziniert entdeckte sie in dieser ersten Woche, wie sie in vielen alltäglichen Handlungen ihre Berufung lebte. Das Fahren ihrer Kinder zur Musikschule, zum Schwimmverein, zum Fußballverein, ihr striktes Festhalten an Familienmahlzeiten, das tägliche Rausjagen ihrer Kinder an die frische Luft, das Aushalten von Nörgeln und Widerstand, wenn sie sich mal wieder um ihre kleinen Haushalts-Pflichten drücken wollten, das Abendritual, wenn sie mit ihnen über Erlebtes redete und mit ihnen betete: Alles war geprägt von ihrem Wunsch, ihre Kinder zu fördern und zu fordern und mit ihnen Teamwork, Kreativität und gottgewolltes Leben zu leben.

In der zweiten Woche überschlugen sich die Ereignisse. Richard war für eine Woche auf Dienstreise. Sven brach sich beim Skaten den Arm, und sie verbrachte zwei Tage mehr oder weniger bei ihm in der Klinik, bis sie ihn mit nach Hause nehmen konnte. Drei Tage später wurde ihre Mutter notfallmäßig wegen eines Schlaganfalls in die Klinik eingeliefert. Gott sei Dank war es Freitag. Richard kam zurück und konnte sich um die Kinder kümmern. Sie kümmerte sich um ihren Vater und ihre Mutter und war mit ihrem klinischen Wissen immer wieder Übersetzerin, Vermittlerin, aber auch kritische Kontrollinstanz gegenüber Ärzten und Schwestern.

Mirjam seufzte dankbar. Mutter hatte sich schnell erholt. Nächste Woche würde sie zur Reha fahren und ein Training für ihren kraftlos gewordenen rechten Arm bekommen. Gott hatte sie alle durch diese turbulenten Wochen durchgetragen. Doch dass gerade ihre Situation in der Gemeinde ihr allen Mut und alle Kraft rauben würde, damit hatte sie nicht gerechnet. Mirjam starrte auf den Satz „Ich schaffe es nicht!“ Sie schloss die Augen. „Gott, ich schaffe es wirklich nicht. Was soll ich tun?“

Leise stieg in ihr eine Antwort auf. „Geh weiter. Lass dich nicht von deinem Prozess abhalten. Geh weiter!“

Mirjam holte tief Luft und öffnete ihr Trainingsmaterial. Sie las: Gott gibt keinen Auftrag ohne Zuspruch. Schnell überflog sie die Zeilen. Hoffnung keimte in ihr auf. Also war es normal, dass man an Punkte kam, wo man sich unfähig fühlte, seine Berufung zu leben. Sie war nicht allein in ihrem Erleben, angesichts innerer und äußerer Widerstände mutlos aufgeben zu wollen. Gott wusste um diese Gefahr der Resignation und Kapitulation. Deshalb gab er jedem zu seinem Berufungsauftrag auch eine Verheißung. Ihre Augen blieben an einem Satz hängen. Sie las ihn einmal, zweimal, dreimal. Entschlossen nahm sie einen leuchtend grünen Marker und unterstrich die Worte „ ... in diesem Zuspruch liegt der Hinweis und die Autorität, wie Sie die inneren und äußeren Hindernisse überwinden können, die sich Ihrer Berufung in den Weg stellen.“

Mirjam spürte, wie sich etwas in ihr aufrichtete. Verdutzt bemerkte sie, dass sie ihre gebückte Haltung aufgegeben hatte und nun aufrecht da saß. Sie beobachtete, wie sich die feinen Regentropfen in große Tropfen an dem Blattrand der Kastanie sammelten und langsam nach unten ins Gras fielen. „Okay, Herr,“ dachte sie, „wieder mal ist meine Traurigkeit für etwas gut gewesen. Hilf mir, deine Verheißung zu entdecken, wie ich meiner Mutlosigkeit und meiner Abwehr und Angst, ständig Hindernisse überwinden zu müssen, begegnen kann.“

Aus der Ferne hörte sie acht helle Schläge der Kirchenuhr. Vier tiefe, länger klingende Töne folgten. Acht Uhr, sie hatte noch 30 Minuten. Erleichtert stellte sie fest, dass sie für die Entdeckung von Gottes Zuspruch für ihre Berufung keine neuen Fragen beantworten musste. Sie musste nur noch mal ihre Entdeckungen in dem, was Gott sie gelehrt hatte, durchlesen und entscheiden, was davon sie als Ermutigung und Zuspruch für ihren Auftrag empfindet.

Kurze Zeit später leuchteten ihr die Begriffe Liebe, Hoffnung, Mut entgegen. Ja, das war ihr damals bewusst geworden. Gott ist es, der in ihr Hoffnung und Mut weckt. Und er ermutigte sie, sich seiner Liebe gewiss zu sein.

Plötzlich fiel ihr ein Erlebnis ein, dass sie vor zwei Wochen gehabt hatte. Als die Wellen der Krankheit ihrer Mutter über sie zusammenschlugen, war sie zu ihrer Seelsorgerin gegangen. Und dort hatte sie zum ersten Mal so etwas wie eine Prophezeiung bekommen. Ihre Seelsorgerin nennt es hörendes Gebet. Jedenfalls fragte ihre Seelsorgerin nach dem Beten, ob sie ihr ein inneres Bild weitergeben dürfe, das sie beim Beten hatte. Mirjam hatte genickt und war ganz gespannt gewesen. Daraufhin erzählte ihre Seelsorgerin: „Ich sah eine helfende Hand, die sich zu dir ausstreckt und sagt: Hab Mut zum Vertrauen. Schlag ein." Tiefer Friede hatte sich in ihr ausgebreitet. Das Bild half ihr emotional zu begreifen, was sie vom Kopf her wusste. Gott streckt ihr seine Hand entgegen und ermutigt sie, sie zu ergreifen und ihm zu vertrauen.

Mirjam überlegte. „Eigentlich ist mir dieses Bild noch wichtig. Dieses ‚schlag ein und vertrau mir' gehört auch zu den Mut machenden Worten Gottes, die ich gerade sammle."

Nachdenklich sah sie nach draußen, da streifte ihr Blick die Karte, die sie vor ein paar Tagen an die Lampe auf ihrem Sekretär gelehnt hatte. Ein Kind warf sich lachend von einer Mauer in die Arme seines Vaters. Und in weißer Schrift konnte man lesen: Wenn ihr schon euren Kindern Gutes geben wollt, umso mehr wird der Vater euch den Heiligen Geist geben. Als sie diese Karte bekommen hatte, war es ihr gewesen, wie wenn Gott sie tröstend in die Arme nehmen würde und damit sagen würde: Hey, ich bin da. Ich bin bei dir. Du kannst ruhig weitergehen.

Mirjam schob ihr Kinn vor, ein sicheres Zeichen, dass sie einen Entschluss gefasst hatte. Sie nahm ein Stück weißes Papier und schrieb darauf: ... ich bin bei dir, ... du kannst meiner Liebe gewiss sein, ... sein Geist, Trost, ... schlag ein, ... vertrau mir, ... ich gebe dir Mut und Hoffnung. Und plötzlich schrieb sie: Gott sagt: Meine Liebe und mein Trost / Heiliger Geist sind mit dir und in dir. Ich gebe dir Mut und Hoffnung. Schlag ein – vertrau mir!

Mit einem erleichterten Seufzen lehnte sie sich in den Stuhl zurück und streckte ihre Arme weit über den Kopf nach hinten. Sie gähnte und spürte eine wohltuende Entspannung und Müdigkeit, wie so oft, wenn sie geistig und geistlich gearbeitet hatte. Sie sah auf die Verheißung Gottes, die nun vor ihr stand und auf seine Aufforderung, ihm und seinem Zuspruch zu vertrauen. Und sie begriff: Sie würde sich immer wieder entscheiden müssen, auf welche Stimme sie hörte – auf Gottes Zuspruch oder auf die Stimmen, deren einziges Ziel war, sie zu verunsichern und zu entmutigen. Tag für Tag würde sie ihre Wahl treffen müssen, wem sie mehr glaubte.

Sie schloss die Augen und flüsterte: „Okay Herr, ich vertraue dir, auch wenn mir ständig der Gedanke durch den Kopf geistert, ‚du schaffst das nicht'. Du wirst mir rechtzeitig Mut und Hoffnung geben. Ich nehme meine Berufung an und werde versuchen, sie zu leben, auch in der Gemeinde. Ich glaube und vertraue deiner helfenden Hand."

2.6 Ihr Mission Statement und Ihre Lebensbereiche

Ihre Berufung ist ein Grundthema, eine Grundmelodie Ihres Lebens, das Sie immer und überall leben können.

Das Kennen Ihrer Berufung verschafft Ihnen eine beeindruckende Aussicht auf Ihr Leben. Sie wissen damit die große Überschrift Ihres jetzigen Lebens.

Doch was bedeutet Ihre Berufung für Ihre einzelnen Lebensbereiche? Wie können und wollen Sie nun Ihre Berufung konkret in Ihrem Alltag und in Ihren verschiedenen Lebensbereichen leben?

Der Berggipfel Ihrer Leitbilderarbeitung gibt Ihnen die Gelegenheit, über Ihr Leben zu blicken und darüber nachzudenken.

„Mamaaa!“ Szeufzend schloss Mirjam ihre Unterlagen, als sie die noch ferne Jungenstimme hörte.

„Maamaa, wo bist duuu?“ Mirjam hörte, wie Sven rufend und suchend im Haus umherwanderte.

„Mama?“ Sven steckte seinen blonden Kopf mit dem neuerdings coolen Irokesenhaarschnitt durch die offene Terrassentür. „Ach hier bist du, im Garten.“ Mit flinken Schritten trippelte er die Treppe hinunter und nahm die letzten drei Stufen mit einem großen Satz. Dann rannte er über den Rasen zu der Sitzgruppe, wo seine Mutter halb verborgen hinter blühenden Kletterrosen saß.

Ehe er erzählen konnte, weshalb er sie suchte, hörten sie Ronja, die nun ebenfalls über die Holzterrasse, die Treppe und den Rasen rannte. „Ich will auch mit, Mama. Ich will auch mit.“ Mit fliegenden Zöpfen rannte sie auf die beiden zu.

„Das kommt überhaupt nicht in Frage,“ schrie Sven in ihre Richtung. Dann wandte er sich seiner Mutter zu, die ihn erstaunt ansah. „Mama, hör mal: Lukas hat mich eben angerufen und gefragt, ob ich bei ihm heute übernachten will. Sie machen heute

Abend mit den Royal Rangers ein Lagerfeuer, grillen Würstchen und hinterher wollen sie noch eine Nachtwanderung mit Fackeln machen. Und weil es spät wird, könnte ich bei ihm übernachten. Bitte! Das wäre ein so cooler Abschluss der Ferien. Seine Mama hat es erlaubt. Darf ich?“

„Ich will auch ein Lagerfeuer und eine Nachtwanderung machen!“, rief Ronja.

„Das ist nichts für kleine Mädchen,“ schrie Sven. „Stop!“ Energisch unterbrach Mirjam den Disput ihrer Kinder. „Ich möchte nicht, dass ihr euch so anschreit!“

Mirjam sah Sven und Ronja fest und forschend an. „Also, können wir das jetzt in Ruhe klären oder braucht ihr noch etwas Zeit?“

Missmutig presste Sven die Lippen zusammen und warf einen wütenden Blick auf seine Schwester. Dann schaute er seine Mutter an und äußerte gepresst: „Jetzt!“ Fragend blickte Mirjam nun auf Ronja. Diese erwiderte Svens Blick kämpferisch mit schmalen Augen und einem vorgeschobenen Kinn, wandte sich dann ihrer Mutter zu und sagte tief Luft holend: „Jetzt!“

„Okay“, entschlossen fuhr Mirjam fort. „Sven, ist das Lagerfeuer heute Abend für den ganzen Stamm oder trifft sich nur eure Untergruppe?“

„Lukas meinte für den ganze Stamm.“ Verdrossen und unwillig kamen diese Worte über Svens Lippen. „Und warum willst du nicht, dass Ronja mitgeht. Ihre Mädchengruppe ist ja dann auch dabei?“

„Weil du uns dann abholst. Ich kann dann nicht bei Lukas schlafen, weil du zweimal fahren musst!“, äußerte Sven frustriert. Mirjam nickte und überlegte. Die Befürchtung ihres Sohnes war gar nicht so unbegründet. Die Fahrt in die Nachbarstadt dauerte je nach Verkehr dreißig bis vierzig Minuten. Normalerweise blieb sie, während ihre Kinder beim Ranger-Treffen waren, dort und überbrückte die Zeit mit dem wöchentlichen Einkauf. Hinterher schaute sie immer noch bei Riedmüllers vorbei. Sie und Richard kannten Ute und Lars Riedmüller seit ihrer Verlobungszeit. Und deren Sohn Lukas und ihr Sven verstanden sich so gut, dass beide Familien immer wieder den Kontakt ermöglichten. Lukas war es gewesen, der Sven zu einer Wochenendfreizeit der Royal Rangers eingeladen hatte. Danach war Sven so begeistert, dass er nun jede Woche zu deren Treffen in die Nachbarstadt wollte. Ronja, die als kleine Schwester alles wollte, was ihr großer Bruder durfte, hatte sich ebenfalls einer Gruppe ihres Alters angeschlossen.

Da war sie wieder, diese nagende Unzufriedenheit. Mirjam wünschte, sie hätten in ihrer Gemeinde eine Royal Rangers-Arbeit. Diese wöchentlichen Fahrten waren unglaublich zeit- und kraftaufwendig. Stattdessen ... Mirjam stoppte ihre Gedanken. Dies war nun wirklich nicht der geeignete Platz, um ihrer Unzufriedenheit über ihre Situation in der Gemeinde Raum zu geben.

Sie sah ihre Kinder an und überlegte. „Das mit der Nachtwanderung und dem Lagerfeuer ist eine tolle Idee, die Ferien zu beschließen. Ihr dürft beide hin. Und für dich, Sven, suchen wir noch eine Möglichkeit, dass du bei Lukas übernachten kannst. Vielleicht können dich Riedmüllers zurückbringen oder Papa holt dich ab. Okay?"

Die zwei nickten zufrieden. Mirjam sah auf die Uhr. „Wer von euch hat heute Tischdienst?" „Ronja", sagte Sven wie aus der Pistole geschossen. „Okay, dann hast du Spüldienst. Bitte räum noch die Spülmaschine aus, bevor Ronja und ich gleich mit dem Kochen anfangen. Es gibt heute Spaghetti." Sven verzog das Gesicht, drehte sich aber Richtung Haus und meinte zu Ronja: „Komm, schieb mich. Ich hab ja solchen Bock aufs Ausräumen." Grinsend beobachtete Mirjam, wie Sven sich schwer machte und von Ronja Richtung Haus schieben ließ.

Sie ging zum Tisch, griff nach dem Telefon und rief eine Nummer auf. „Schatz! Ich bins ..."

Ein lauer Wind bewegte die großen Kastanienblätter über ihr.

Mirjam blickte sich um und gratulierte sich zu ihrem Einfall, die Zeit, bis sie Ronja von der Nachtwanderung abholen konnte, hier in der Klobenmühle zu verbringen. Sie liebte die Atmosphäre dieses am Stadtrand gelegenen Gastbetriebs. Alles war hier urig, vom alten Sandsteingebäude mit den rot-weiß bemalten Fensterläden bis zu den hölzernen Tischgarnituren, die sich unter fünf großen Kastanien ausbreiteten. Sie entdeckte einen freien Tisch und ging entschlossen darauf zu. Dabei musste sie lächeln. Allein und mit Unterlagen beschäftigt würde sie gleich ein völlig anderes Bild abgeben als die vielen Paare und Familien, die offensichtlich den Beginn des Wochenendes genossen. Angeregtes Gemurmel, Gelächter und ab und zu laute Kinderstimmen füllten die Luft. Mirjam war dankbar, dass dies einer der wenigen Gastbetriebe war, wo keine laute Musik die natürlichen Geräusche der Landschaft vertrieb. Hier würde sie sich konzentrieren können.

Mirjam schob das Windlicht zum Tischende und setzte sich so, dass sie auf das gemächlich dahintreibende Wasser der Segnitz und die dahinter liegenden Wiesen blicken konnte.

Unwillkürlich fing sie an zu beten. „Danke Vater, dass Richard mir diese Zeit mit dir ermöglicht. Bitte hilf mir, nun endlich zu klären, wie ich meine Berufung in der Gemeinde leben kann. Es war so hilfreich zu entdecken, wie ich in meinen verschiedenen Lebensbereichen als Mutter, als Ehefrau und als Freundin ermutigen, fördern und fordern kann. Ich habe entdeckt, wie ich Teamwork, Kreativität und das, was du dir für uns wünschst, mit diesen Menschen, die mir wichtig sind, lebe und noch mehr leben möchte. Richard und mir hat es so gut getan, uns bewusst zu machen, wo wir hier Gemeinsamkeiten haben und im Sinne von Teamwork, Kreativität, Fördern und Fordern auch gemeinsam etwas machen. Es war klasse, mit ihm darüber zu reden, wie wir uns gegenseitig Freiräume geben können und wie ich ihn fördern und fordern kann, seine Gaben und Berufung zu erkennen und zu leben. Wir haben überlegt, wo wir gemeinsam wachsen wollen, welches Seminar wir als nächstes zusammen besuchen wollen, und wir haben ein zweites Wochenende in den Herbstferien beschlossen, an dem wir ohne die Kids nur zum Wandern wegfahren wollen. Ich genieße es, mit ihm zusammen die Gottesdienstleitung in der Gemeinde zu gestalten. Und zusammen versuchen wir, Lernerfahrungen, die wir gemacht haben, in die Gemeinde einfließen zu lassen."

„Guten Tag, was darf ich Ihnen bringen?" Mirjam blickte auf und sah in das freundliche Gesicht eines Mannes in den Fünfzigern. Mirjam registrierte die große grüne Schürze, die eine ausgebeulte braune Cordhose und ein kariertes Hemd schützte. Sie schätzte die Natürlichkeit dieser Wirtsleute, die an einen Lebensstil und eine Welt erinnerten, die fast ausgestorben war. „Ein großes Radler, einen Salat und ein Käsebrot", erwiderte sie. „Wird gemacht", nickte er freundlich und verschwand, ohne sich etwas aufzuschreiben.

„Okay Gott, dann lass uns mal an die Arbeit gehen." Mirjam öffnete ihr Heft und schrieb unter den bereits vorhandenen Lebensrollen die noch fehlende Rolle Gemeinde. Nach kurzem Überlegen fügte sie drei Unterpunkte hinzu: Leitung Musikteam. Dahinter setzte sie ein grinsendes Smiley. Gemeindeleitung: Der gerade Mundstrich des Smiley gab genau ihre Gefühle wieder, ein Zwischending zwischen Frust, Hoffnung und Entschlossenheit, für das, was ihr wichtig ist, sich einzusetzen. Seufzend schrieb sie das nächste Wort: Organisation Frauenkreis. Dick und fett malte sie dahinter ein Smiley-Gesicht, dessen Mundwinkel tief nach unten gezogen waren. Befriedigt nickte sie. Und jetzt?

Sie überlegte. Was sie hier ausgedrückt hatte, war ihr Gemütszustand. Das tat gut. Doch es half ihr nicht wirklich weiter. Bei ihren anderen Lebensrollen hatte ihr dieses Arbeitsblatt weiter geholfen und sie war automatisch ins Reflektieren und Schreiben gekommen. Doch für die Gemeinde erschien es ihr einfach zu komplex und zu anstrengend. So ein Mist! „Gott, was mache ich jetzt? Ich stecke fest und ich möchte doch endlich klar sehen, wo ich meine Berufung in der Gemeinde lebe und wo nicht."

Mirjam legte ihr Gesicht in ihre Hände, schloss die Augen und holte tief Atem. Ihre Gefühle waren ein Hinweis, dass irgendetwas nicht stimmte, wie eine Nadel auf einem Kompass, die ausschlug. Was sie brauchte, war eine Checkliste, etwas, was ihr half, das Ganze zu ordnen und zu entwirren.

Kompass!? Ihr Mission Statement war doch ein Kompass! Und sie hatte alle Orientierungspunkte, die sie brauchte. Sie könnte sich selber eine Checkliste machen. Energie durchfloss sie. Sie öffnete die Augen, kramte nach einem weißen leeren Blatt, nahm es waagrecht und machte von links nach rechts vier Spalten. Dort hinein schrieb sie als Überschriften:

1. Habe ich hier mit einzelnen Menschen oder Teams zu tun, die nach ihrer Berufung, nach Zielen und Weiterentwicklung suchen und leben wollen?
2. Kann ich sie fördern bzw. wollen sie von mir gefördert werden?
3. Kann ich sie fordern bzw. wollen sie von mir gefordert werden?
4. Möchten sie, dass ich mit ihnen gottgewolltes Leben, Teamwork und Kreativität lebe?

Danach zog sie einen Querstrich und schrieb an den linken Rand Musikteam, Frauenkreis und Gemeindeleitung.

Zufriedenen betrachtete sie ihr Werk. Auf der linken Seite ihrer Engagements war noch Platz. Sie wurde nachdenklich. Eigentlich könnte sie dort den Wunsch hineinschreiben, der seit Wochen in ihr rumorte. Sie würde so gerne in ihrer Gemeinde eine Ranger-Arbeit für die Kids beginnen. Natürlich könnte sie das nicht alleine. Und sie hatte im Moment auch keine Kapazität dafür. Doch der Gedanke ließ sie einfach nicht los.“Mirjam Thurner“, sagte sie sich, „du wirst deine Grenzen achten und dir nicht zu viel aufhalsen. Jetzt fang endlich an, deine Checkliste auszufüllen.“

„So, hier ist Ihr Radler, Ihr Käsebrot und Ihr Salat. Es hat leider etwas gedauert.“ Mirjam blickte auf den Wirt, der ein riesiges Tablett zwischen seinen weit ausgebreiteten Armen hielt. Verwirrt blickte Mirjam auf die Unzahl von Tellern und Gläsern. Er zwinkerte mit einem Auge, beugte sich etwas zu ihr hinunter und deutete mit einer Kopfbewegung auf eine Salatschüssel, einen Käsebrotteller und ein Glas, das neben vier anderen Tellern und Gläsern dort stand. „Danke!" Er nickte. „Guten Appetit und wohl bekomm´s!"

Entschlossen stellte Mirjam den Salat zum Windlicht ans Ende des Tisches. Das musste warten. Sie nahm einen großen Schluck von ihrem Radler, biss ins Käsebrot, ergriff dann wieder ihren Stift und beugte sich über die Checkliste.

Sie las die vier Fragen für ihre Aufgabe im Musik-Team durch. Ohne zu zögern, setzte sie in jede Spalte ein ‚Ja'.

Nun wandte sie sich der Leitung des Frauenkreises zu. Sie überlegte: „Suchen die Frauen dort nach Zielen, nach Weiterentwicklung, nach ihrer Berufung?" Mirjam seufzte und schrieb: Eigentlich nicht.

Sie stutzte. „Warum schrieb sie ‚eigentlich' dazu? Das klang wie ‚nein aber'. Sie schüttelte den Kopf und schloss die Augen. „Gott, was ist da los? Bitte hilf mir!"

Sie nahm ein extra Blatt, zog in der Mitte einen Strich und schrieb in die linke Spalte ‚Ziele der Frauen' und rechts ‚meine Ziele für den Frauenkreis'. Dann überlegte sie: Was sind die Ziele der Frauen? Gedankenverloren malte sie drei Fragezeichen und hielt plötzlich darin inne. Genau das war es! Die Fragezeichen gaben genau das Problem wieder. Sie wusste nicht, was das Ziel der Frauen war. Sie alle wussten es eigentlich nicht. Ein Ziel war doch etwas, das man gemeinsam festlegte und dann darauf zuging. An Hand dieses Zieles überprüfte man immer wieder, wie weit man gekommen war und ob man noch dahin unterwegs war. An ihm richtete man sich aus.

Nachdenklich sah Mirjam auf den Fluss. Die Sonnenstrahlen wurden immer schräger. Das Licht hatte inzwischen einen warmen Braunton. Über dem Wasser sah sie kleine Mückenschwärme im Gegenlicht tanzen. Fasziniert beobachtete sie, wie die Mücken hin- und herschwirrten und doch immer zusammen blieben. „Fast wie eure Frauengruppe!" Mirjam stutzte. „Gott!? Bist du das? Was meinst du damit?"

Interessiert beobachtete Mirjam die kleinen beweglichen Insektenwolken, die sich scheinbar ziellos auf und nieder bewegten, mal einen Meter nach rechts, mal einen Meter nach links.

„Was, denkst du, ist das Anliegen der anderen Frauen im Frauenkreis. Warum kommen sie zusammen?" Mirjam überlegte. „Nun, das genau weiß ich eben nicht. Was ich wahrnehme ist, dass ihnen Gebet sehr am Herzen liegt. Zumindest sind die Gebetsabende besser besucht als die Themenabende. Und Gemeinschaft scheint ihnen wichtig zu sein."

„Woraus schließt du das?" „Miteinander zu reden scheint für sie von großer Bedeutung zu sein. Sie schütten dort im Kreis ihr Herz aus. Doch leider geschieht das meist über schlecht laufende Dinge in der Gemeinde. Und das frustriert mich. Konflikte nicht da auszutragen, wo sie stattfinden, und die Ziellosigkeit des Kreises machen mich wütend. Sie schwirren wirklich wie so eine Wolke von Mücken in der Luft. Hauptsache zusammen, innerhalb der Gruppe unglaublich in Bewegung, aber nirgendwohin unterwegs." Frustriert schwieg sie.

„Was möchtest du jetzt von mir, Mirjam?" Mirjam lachte leise auf. Das war so typisch Gott. Sie überlegte. Dann antwortete sie in Gedanken: „Ich möchte wissen, ob es meiner Berufung entspricht, diesen Kreis noch weiter zu leiten."

Gespannt lauschte Mirjam auf eine Antwort. Doch sie hörte nichts als Stille.

Verwirrt und verunsichert runzelte Mirjam die Stirn. Leise fragte sie in Gedanken: „Gott? Was ist? Warum schweigst du? Du wolltest wissen, was ich von dir will!" Wieder lauschte sie. Mit ihren Augen suchte sie die Mückenschwärme am Fluss. Aber die Sonne war nun hinter den Baumwipfeln verschwunden und ohne Gegenlicht waren die Mücken nicht mehr sichtbar.

„Gott!?" Doch Gott schien genauso verschwunden. Enttäuscht stand Mirjam auf und ging die Paar Schritte zum Ufer der Segnitz. Sie wollte unbeobachtet die Augen schließen können und die anderen Gäste im Rücken haben. Sie setzte sich ins Gras und blickte auf das ruhig dahinfließende Wasser der

Segnitz, betend, wartend. Wie eine Luftblase langsam, aber stetig im Wasser an die Oberfläche steigt, so drang plötzlich die Erkenntnis in ihr Bewusstsein: die Frage passte nicht. Es war die Fragestellung, auf die Gott nicht antwortete. „Wie muss sie dann lauten, Herr?“, flüsterte sie.

„Frage dich: Was ist im Moment meine Berufung in diesem Kreis?“ Mirjam schluckte. Das bedeutete, dass sie im Moment genau dort war, wo Gott sie haben wollte.

Traurigkeit kroch in ihr hoch. An ihrer Enttäuschung merkte sie, wie gerne sie ihr Organisationsamt dort niedergelegt hätte. Wie doch eine einzige Frage einen in Berührung mit seinen eigentlichen Absichten bringen konnte! Nun, zur Beantwortung dieser neuen Frage brauchte sie Stift und Papier. Was ihre Berufung ist, wusste sie ja. Anscheinend wollte Gott, dass sie überlegte, was ihre Berufung konkret für diesen Lebensbereich bedeutete und wie sie die dort leben könnte.

Lustlos malte sie auf einem Blatt Papier weitverstreut die Worte ‚fördern, fordern, mit ihnen leben, Kreativität, Teamwork, gottgewolltes Leben, Einzelne und Teams, die nach ihrer Berufung, nach Zielen und Weiterentwicklung suchen‘.

„Stopp, Mirjam!“ Verwundert hielt Mirjam inne. Was war denn jetzt los? Missmutig fragte sie Gott: „Wie bitte?“

Wieder vernahm sie ein nachdrückliches “Stopp!“

Sie runzelte die Stirn. „Was meinst du damit, Gott? Was soll ich stoppen?“

„Vertrau mir!“

„Wie bitte?“

„Hör auf, so miesepetrig dreinzublicken! Vertrau mir! Deine Berufung ist auch in diesem Lebensbereich das, was du zutiefst sein und leben möchtest.“

Mirjam holte tief Luft. Sie spürte, wie sie beunruhigt und misstrauisch ihre Enttäuschung und ihren Ärger wie einen Schild vor sich hielt. Es war wie wenn Gott sich vor sie hinstellte und diese Verteidigungswaffe sanft nach unten drückte, sie anschaute und sagte: Du brauchst das nicht. Vertrau mir.

Und dann merkte sie, wie sich ihre innere Angst und Abwehr zögernd auflöste und Platz machte für Hoffnung und Neugier.

Abschätzend überblickte sie nun wieder die niedergeschriebenen Worte. Mit welchem sollte sie anfangen? Nun, gottgewolltes Leben war das, was sie im Moment am meisten ansprach. Lautes Lachen ließ sie zu einem Tisch sehen, an dem drei Paare fröhlich mit dem Wirt plauderten, der das Windlicht anzündete.

Was war für sie gottgewolltes Leben im Frauenkreis? Nun, dass man ehrlich miteinander umging, dass man Probleme und Konflikte nicht vertuschte, sondern zu bewältigen versuchte, dass man miteinander redete und nicht übereinander, dass man sagte, was man möchte anstatt zu nörgeln ...

Sie stockte. Sie fühlte den Schmerz darüber, dass das nicht so war. Sie spürte die Sehnsucht, sich dort so sicher zu fühlen, dass sie mit den anderen Frauen darüber reden konnte, wie es ihr in diesem Kreis ging, was sie frustrierte und was sie sich wünschte. Und sie nahm eine Traurigkeit in sich wahr. Als sie darüber nachdachte, was denn genau dieses Gefühl in ihr auslöste, stellte sie verblüfft fest: Ich bin traurig über mich. Ich bin traurig, weil ich selber nicht lebe, was ich mir von anderen wünsche. Ich bin traurig, weil mir der Mut fehlt, den anderen zu sagen, was mich verletzt hat, was mich unzufrieden macht und was ich mir wünsche.

Und dann musste sie an das Treffen des Frauenkreises denken, nach dem ihr innerer Rückzug begonnen hatte. Damals hatte sie zum ersten Mal gemerkt, dass die anderen Frauen anderes wollten als sie. Zu diesem Zeitpunkt hatte sie noch die Gesamtleitung des Kreises. Bis dahin hatte sie diese Arbeit mit den Frauen geliebt und sie hatte sie erfüllt.

Das änderte sich nach jenem Abend. Karin, eine Nicht-Christin, die ab und zu in den Kreis kam, hatte die Stunde geschmissen. Ziemlich aggressiv hatte sie gefragt, wo Gott ist, und dann verschiedene leidvolle Situationen aus ihrem Umfeld erzählt. Mit ihrer Vehemenz und ihrer Hartnäckigkeit hatte sie alle aus dem Konzept gebracht.

Die anderen Frauen bedrängten sie hinterher, so etwas dürfe sie nicht wieder zulassen. Es könne ja nicht sein, dass so jemand das Thema an sich reißt. Ihr Einwand, das die Frau doch nur ehrlich ihre Fragen und ihre Wut gezeigt habe, wurde nicht stehen gelassen. Am frustrierendsten war, dass Karin danach nie mehr wieder kam. Und sie, Mirjam musste feststellen: Ich kann hier keine Frauen mitbringen, die echte Fragen haben und das Christsein und die Christen hinterfragen. Die anderen möchten etwas völlig anderes als ich. Ich möchte Menschen erreichen, die suchend sind. Die anderen wollen eine sichere Gemeinschaft. Sie wollen beten, singen, im Glauben wachsen, doch sie möchten nicht in Frage gestellt werden. Sie wollen nicht herausgefordert werden.

Daraufhin war sie auf Abstand gegangen. Ihr war es zu anstrengend, länger Motor des Kreises zu sein. Sie sagte den anderen, dass sie nicht länger die Kapazität hätte, die Gesamtleitung durchzuführen. Man beschloss, dass andere nun ebenfalls Beiträge und Themen übernehmen. Mirjam kümmerte sich noch um die Organisation.

„Gott, warum habe ich diesen Konflikt nie angesprochen? Warum spreche ich bis heute nicht an, was ich empfinde und wie es mir in diesem Kreis geht?"

Und dann spürte sie es: Sie hatte Angst! Sie hatte Angst, dass die anderen sich von ihr abwenden und sie alleine da steht. Dass die anderen immer wieder über andere redeten und sich beschwerten, vermittelte ihr die Botschaft: Das, was gemacht wird, genügt nicht. Sie hatte Angst, gesagt oder gezeigt zu bekommen: Du genügst nicht!

Mirjam schluckte. Das war hart. Denn eigentlich hasste sie unausgesprochene, schwelende Konflikte. Sie hasste passive Aggressivität. Ihr Rückzug war eigentlich eine Form von passiver Aggressivität gewesen. Sie hatte den Konflikt gemieden aus Angst, hinterher alleine da zu stehen. Damit hatte sie sich und anderen die Chance genommen, an dem Konflikt zu wachsen und gemeinsam herauszufinden, was der Frauenkreis möchte.

Was war noch ihre Berufung? Fordern! Fördern! Das bedeutete, sie musste endlich klären, was die anderen wollten. Sie musste klären, ob sie nach Zielen, nach Weiterentwicklung und nach ihrer Berufung suchten und sie auch leben wollten. Sie musste die anderen herausfordern zu überlegen, worin sie wachsen wollten und worin die Gemeinschaft, nach der sich alle sehnten und die alle offensichtlich wollten, bestehen sollte. Wenn sie das endlich tat, würde sie die anderen Frauen fordern und fördern. Und für sie würde endlich klar werden, ob die Frauengruppe ein Rahmen war, wo sie auch zukünftig ihre Berufung leben konnte.

Ihre Erwartung an den Kreis war mehr! Natürlich wünschte sie sich auch Gemeinschaft. Was sie wirklich wollte war Teamwork. Das ist mehr als Gemeinschaft. Das bedeutet, man hat ein gemeinsames Ziel, etwas, das man gemeinsam erreichen möchte. Dafür setzt man sich gemeinsam ein, ergänzt sich, betet, hofft, arbeitet. Spaß, Freude, Gemeinschaft war für sie dann ein natürliches Nebenprodukt. So sah sie es. Doch die Frage war, wie die anderen Frauen es sahen. Vielleicht war der Frauenkreis wirklich nicht mehr der richtige Rahmen für das, was sie wollte. Vielleicht war es wirklich Zeit für einen neuen Rahmen, der ihr erlaubte, das zu leben, was ihre Berufung war? Vielleicht ging ihr deshalb der Start einer Ranger-Arbeit für Kids nicht aus dem Sinn?

Hoffnung und Energie durchfluteten sie. Es war, wie wenn Gott eine große Last von ihren Schultern genommen hätte und sie sich aufrichten konnte.

Und plötzlich erkannte sie den Sinn von Gottes Frage: Was bedeutet deine Berufung für diesen Kreis?

Ihre Frage: Habe ich eine Berufung für diesen Kreis?, hatte sie nicht weiter gebracht. Intuitiv hatte sie geahnt, dass die anderen nicht in dem gefordert oder gefördert werden wollten, was sie wollte. Diese Frauen wollten und brauchten im Moment anscheinend anderes. Doch ihre eigene Angst hatte sie blockiert zu entscheiden., dass der Rahmen dieser Gruppe und das, was die Frauen wollen, nicht zu ihrer Berufung passt. Sie hatte an diesem Punkt einfach nicht den Mut gehabt, sich zu trennen. Und um nicht klar sehen zu müssen und keine Entscheidung treffen zu müssen, hatte sie sich zurückgezogen und sich davor gedrückt, mit ihnen herauszufinden, was jede Einzelne sich in und von diesem Kreis wünscht.

‚Habe ich eine Berufung für diesen Kreis?', war eine geschickte Fragestellung gewesen, die verhinderte, dass sie überlegen musste, was ihre Berufung im Moment für ihre Rolle im Frauenkreis bedeutet. Die Frage, was ihre Berufung für sie in diesem Kreis bedeutet, hatte nicht ein Ja oder Nein von ihr gefordert, sondern ihr ganz praktisch den Weg zu einem Ja oder Nein gezeigt!

Mirjam seufzte. Es war ein tiefer Seufzer der Erleichterung. Wie immer, wenn Gott ihr etwas gezeigt und sie korrigiert hatte, spürte sie Frieden. Das war das Tolle an Gott. Wenn er sie korrigierte, fühlte sie sich nicht beschämt. Sie empfand eher eine unendliche Erleichterung, wie wenn sich ein Knoten plötzlich auflöste oder eine Last von ihren Schultern genommen würde.

Zufrieden lehnte sie sich in den Stuhl zurück und blickte in den warmen Schein, der von den zwei Windlichtern ausging. Der Wirt hatte ihr mit einem Seitenblick auf ihre Unterlagen eine zweite Lichtquelle gebracht. Dort am Tischende vor dem Windlicht stand noch immer ihr Salat. Sie beugte sich vor und hielt ihre Armbanduhr in den Lichtschein. In einer halben Stunde musste sie gehen, um ihre Tochter abzuholen, gerade noch genug Zeit, um in Ruhe ihren Salat genießen zu können.

3. Ihre Berufung trotz Widerständen leben

Ihre Berufung
fällt Ihnen nicht in den Schoß.
Sie wird nur dann Wirklichkeit,
wenn Sie sie glauben,
annehmen
und leben.

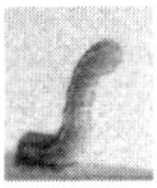

Ihr Leben, die Umstände, die Ihnen Gott schickt, werden Sie herausfordern: Glauben Sie Gottes Berufung oder misstrauen Sie ihr? Leben Sie Ihre Berufung oder lassen Sie sie los?

Gott hat Sie berufen. Sie wissen nun um die „Grundberufungen" Ihres Lebens und um Ihre ganz spezielle Berufung. Und Sie wissen um Gottes Zuspruch für Ihren Auftrag, in dem er Ihnen seine Hilfe und Befähigung für Ihre Mission zusagt.

Gott schuf Sie als einen einzigartigen Menschen mit einer einzigartigen Berufung. Er schuf Sie zum Lob seiner Macht. Das Lob Gottes ist nichts anderes, als dass Sie die Gabe Ihres Lebens ihm wieder bringen. Paulus sagt dies den Christen in Ephesus mit den Worten: „Jetzt sollen wir mit unserem Leben Gottes Herrlichkeit für alle sichtbar machen."(Eph. 1,12 Hfa) Mit Ihrem Leben spiegeln Sie etwas von Gottes Kreativität, seiner Schönheit, seiner Stärke, seinem Wesen wider. Sie vertreten und zeigen etwas von dem, wer Gott ist und was ihm wichtig ist. Und Sie haben Teil an seiner Rettungsaktion. Gott kämpft darum, seine Menschenkinder aus dem zerstörerischen und verlogenen Einflussbereich Satans herauszuholen.

Und gerade weil Sie das mit Ihrer Berufung verwirklichen, ist das Finden und Leben Ihrer Berufung umkämpft. Doch dies ist nichts, was Ihnen Angst einjagen muss. Im Gegenteil:

Karsten Wagner schreibt in seinem Buch „Berufung – Gottes Weg erkennen und gehen": „Der ‚Stoff', aus dem Berufung gemacht ist, ist ein Wort Gottes, das er in das Leben eines Menschen hineinruft. Wenn man sich näher mit den Worten Gottes auseinandersetzt, stellt man fest, dass es sich dabei um alles andere als um etwas Harmloses und Zahmes handelt. Es ist eine gewaltige, dynamische Kraft, die sich in dem Maße im eigenen Leben entfaltet, wie man sich darauf einlässt."[14]

---

14 WAGNER, Karsten, Berufung – Gottes Weg erkennen und gehen; Ignis-Edition 1999, S.19

Der Berufung vertrauen und sich nach ihr ausstrecken

Gottes Berufung an Sie ist eine gewaltige, dynamische Kraft, die sich in dem Maße entfaltet, wie Sie sich darauf einlassen. Das bedeutet, Ihre Berufung fällt Ihnen nicht in den Schoß. Sie wird nur dann Wirklichkeit, wenn Sie sie glauben. Tag für Tag, Stunde für Stunde entscheiden Sie darüber, ob Sie sie annehmen und leben. Und Tag für Tag, Stunde um Stunde können Sie Ihre Mission neu ergreifen.

Ich möchte Ihnen eine Frage stellen: Was könnte Sie daran hindern, Ihre Berufung anzunehmen und zu leben?

Gott hat Ihre Berufung für Sie vorbereitet, doch Sie müssen ihr vertrauen und sich danach ausstrecken. Das gilt für jeden einzelnen Menschen, das gilt für Völker, für Gemeinschaften, für Institutionen.

Widerstände sind Orte, an denen sich Ihre Berufung entfaltet

Die Bibel ist voller Geschichten von Menschen, die berufen waren. Abraham, Mose, Josef, David, das Volk Israel, sie alle waren berufen. Sie alle erlebten, dass ihre Berufung ein Weg war, dessen Schönheit, Bedeutung und Segen sich in dem Maß entfaltete, wie sie sich auf Gott und seine Führung einließen.

Was sich heute abenteuerlich und faszinierend liest, war damals herausfordernde Wirklichkeit.

Doch wie bei den Menschen damals fühlen sich Abenteuer in den Phasen des Kampfes, der Herausforderungen, der Krisen alles andere als toll an Trotzdem sind gerade diese Widerstände, Wüsten, Wartezeiten und Kämpfe die Orte, wo sich Ihre Berufung entfaltet. Hier entwickeln Sie Vertrauen statt Kontrolle, Zuversicht statt Furcht, Entschiedenheit statt Zweifel. Hier lernen Sie Lügen zu enttarnen und auf Hinterhalte nicht hereinzufallen. Sie lernen zu hören, zu warten, zu kämpfen, das zu tun, was gerade dran ist. Es sind die Orte Ihres Wachstums.

Und während Gott Sie in seinen Kampf um die Menschen und

in die Aufrichtung seiner Herrschaft einbindet, kämpft er gleichzeitig um Sie selbst. Er kämpft um Sie als Mann und Frau. Während er durch Sie anderen Menschen dient, sie heilt oder rettet, setzt er gleichzeitig Sie selber frei. Er hilft Ihnen, die bzw. der zu werden, die/der Sie zutiefst sein möchten. Er kämpft darum und trainiert Sie darin, das zu leben, was er zutiefst in Ihnen angelegt hat. Er legt Ihre Anmut und Schönheit frei. Und er entwickelt Ihre Stärke, Ihren Mut, Ihre Fähigkeit zu handeln, Ihre Kraft zu kämpfen, Ihre Kreativität. Was in Ihnen verkrümmt oder verschüttet ist, richtet er auf und befreit es. Wo der Teufel Sie durch Menschen verletzte, stellt Gott Ihre Würde und Ihren Wert wieder her. Erinnern Sie sich? Dort, wo Sie am meisten verletzt wurden, dort haben Sie am meisten zu sagen und zu geben.

Ich weiß nicht, was über Gott Sie mit Ihrem Leben vermitteln werden. Gemeinschaft, Hoffnung, Gerechtigkeit, Wahrheit, Liebe, Glauben, ... was auch immer Sie von Gottes Wesen und Anliegen widerspiegeln, es wird Sie erfüllen und Sie werden es erfüllen: nicht in großen Taten, die viele bewundern, sondern dort, wo Sie leben, in Ihrem Alltag, auf Ihrer Arbeit, in Ihrer Familie. Dort bauen Sie mit an Gottes Reich, dort machen Sie seine Herrschaft, sein Wirken, seine Träume sichtbar.

Ihr Leben, die Umstände, die Gott Ihnen schickt, werden Sie herausfordern: Glauben Sie Gottes Berufung oder misstrauen Sie ihr? Leben Sie Ihre Berufung oder lassen Sie sie los?

Gott selber will und wird Sie in Ihre Berufung führen. Er wird Dinge, Situationen, Menschen auf wunderbare Weise fügen und vorbereiten. Sie werden Zeiten des Vertrauens erleben, Zeiten, in denen Sie sein Handeln und seine Nähe intensiv erfahren.

Doch Sie werden auch Zeiten erleben, die Sie herausfordern werden. Phasen, in denen sich Ereignisse überschlagen, wo Probleme sich auftürmen und Ihre Gebete unbeantwortet scheinen. Ihnen werden Dinge begegnen wie unverdiente Kritik und scheinbar sinnloses Leid. Es gibt Perioden, die den Anschein haben, dass Gott seine Prophezeiungen und Verheißungen nicht einlöst. Die Bibel nimmt da kein Blatt vor den Mund.

Gott lässt diese Anfechtungen, diese Dürre- und Wüstenzeiten zu. Doch nicht, um Sie zu ärgern oder zu schwächen. Unser Charakter wächst und bildet sich an solchen Herausforderungen. Und diese Tests offenbaren unseren Charakter. Wie wir auf Leute, Probleme, Konflikte, Krankheit, Enttäuschungen oder auch Erfolg reagieren, zeigt, wie es in unserem Herzen aussieht.

Gott hat nur ein Ziel: Er möchte eine immer tiefere Beziehung und Gemeinschaft mit uns. Er möchte, dass wir ihn immer besser kennen lernen. Darauf sind wir angelegt. Sein Wunsch ist, dass wir uns bei ihm geborgen und sicher fühlen, ihn Gott sein lassen können und unser Menschsein annehmen. Wir sind nicht allein. Es gibt jemanden, der stärker ist als wir, der die Kontrolle hat, dem nichts entgleitet. Die Geborgenheit, der Rückhalt dieser Beziehung, das ist Ihre Grundberufung.

Gott will Ihr Bestes. Und er möchte Sie stärken. Die Kämpfe sind dazu da, um Sie zu stärken. Sie machen Ihr Herz fähig, das zu leben, wozu Gott Sie geschaffen hat. Sie müssen Ihnen dienen. Jakobus beschreibt das in seinem Brief an die verstreuten Gemeinden mit folgenden Worten: „Liebe Brüder und Schwestern. Betrachtet es als Grund zur Freude, wenn euer Glaube immer wieder hart auf die Probe gestellt wird. Denn durch solche Bewährungsproben wird euer Glaube fest und unerschütterlich.“(Jak. 1,2f Hfa)

Gott hält seine Zusagen ein. Er wird es nicht zulassen, dass Sie über Ihre Kraft und Ihr Vermögen getestet werden. Zu dem Zeitpunkt, an dem Sie herausgefordert werden, wird er Ihnen die Kraft geben, diese Versuchung auszuhalten und durchzustehen und so einen Ausweg schaffen.(1.Kor. 10,13)

Wenn Sie die Berufung Gottes annehmen und leben, werden Sie Freude, Fülle, Frieden und Gemeinschaft erleben. Sie werden zutiefst das leben und sein, wozu Gott Sie geschaffen hat. Sie werden erfahren, wie Sie anderen zum Segen werden. Gott wird durch Sie Ströme seines Segens, seiner Nähe, seiner Heilung, seiner Annahme, seiner Vergebung ... zu Menschen fließen lassen. Wie Jesus wird Gott Sie führen, das zu tun, was er vorbereitet hat. Jesus sagt einmal über sich zu den Jüngern: „Der Sohn kann nichts von sich aus tun, sondern nur, was er den Vater tun sieht.“(Joh. 5,19)

Ähnliches schreibt der Apostel Paulus an die Jesusnachfolger in der Weltstadt Ephesus: „Wir sind sein Werk, geschaffen in Christus Jesus zu guten Werken, die Gott zuvor bereitet hat, dass wir darin wandeln sollen.“(Eph. 2,10)

Doch was sind vorbereitete Werke? Karsten Wagner schreibt dazu: „Vorbereitete Werke zeichnen sich dadurch aus, dass sie dem Herzen Gottes entsprungen sind und dadurch Bedeutung für das Reich Gottes enthalten.“[15]

So wird der Bau eines Schiffes wie der Arche zum Überlebensort von Menschen und Tieren. Und der Wiederaufbau einer Stadtmauer wird zum Zeichen des Neubeginns, der Reformation und der Wiederherstellung eines geschlagenen und zerstreuten Volkes durch Gott. Genauso hat Gott Taten und Handlungen für Sie vorbereitet, die Bedeutung für sein Reich haben.

Doch bitte gucken Sie mal Noah über die Schulter, als er die Arche baute.(1.Mose 6,5ff) Lesen Sie nach, was Nehemia erlebte, als er die völlig zerstörte Stadtmauer Jerusalems wieder aufbauen wollte.(Neh. 1ff) Beobachten Sie das Volk Israel, das 40 Jahre nach dem ersten Versuch ein zweites Mal vor der Herausforderung steht, das versprochene Land Kanaan einzunehmen. (Josua 1ff)

Noah erntete den Spott seiner Umgebung. Nehemia erlebte von allen möglichen Seiten ständig neue Widerstände, Herausforderungen, Anfeindungen und Probleme. Und das Volk Israel stand vor einem Land, in dem sieben verschiedene Völker wohnten. Deren Städte mit ihren dicken Mauern schienen uneinnehmbar. Die Bewohner erschienen ihnen wie Riesen. Die dicksten Trauben, das Land ihrer Verheißung, das Land, wo Milch und Honig floss und das Gott ihnen als Heimat versprochen hatte, war von Riesen bewacht. Doch Gott forderte sie heraus, es in Besitz zu nehmen und Stück um Stück zu erobern.

15 WAGNER, Karsten, a.a.O., S. 31

Drei Gefahren angesichts von Widerständen

Gottes vorbereitete Werke in Ihrem Leben zu tun, das „Land Ihrer Berufung“ einzunehmen, wird also auch mit Kämpfen, mit Widerständen, Hindernissen und jeder Menge Stolpersteinen und Hinterhalten verbunden sein. Der Feind Gottes wird damit drei Dinge versuchen:

- *Entmutigung und Zweifel*

Dadurch, dass immer neue Widerstände und Hindernisse auftauchen, wird der Teufel versuchen, Sie zu entmutigen. Er will, dass Sie an Ihrer Berufung zweifeln. Wenn Sie zweifeln, sind Sie wie eine Wasserwoge, die vom Wind getrieben und bewegt wird.(Jak. 1,6.8) Sie werden von den Umständen hin- und hergeworfen, sind unentschlossen und wechselhaft, in dem, was Sie denken und tun.

- *Ablenkung und Auslaugung*

Zweitens wird er versuchen, dass Sie sich von all den Widerständen ablenken und auslaugen lassen.

- *Bitterkeit und Enttäuschung*

Sein drittes Ziel ist, dass durch all die Kämpfe und Hindernisse Ihre Beziehung zu Gott getrübt wird. Dan Southerland schreibt in seinem Buch „8 praktische Schritte zu einer Kirche mit Vision“: „Kritik und Widerstände werden Sie irgendwohin treiben. Lassen Sie sich dadurch näher zu Gott treiben, werden Sie besser; lassen Sie sich dadurch von Gott wegtreiben, werden Sie bitter.[16]

Hören Sie auf sich gegen Hindernisse und Herausforderungen zu wehren. Fangen Sie an, Sie geistlich zu nutzen. Beten Sie, fasten Sie, teilen Sie Ihre Not mit anderen, hängen Sie sich an Gott.

Gott möchte jeden Widerstand, jedes Hindernis, jeden Stolperstein und jede Falle in Segen verwandeln. Er wird Sie immer tiefer in Ihre Berufung hineinführen.

---

16 SOUTHERLAND, Dan, 8 praktische Schritte zu einer Kirche mit Vision, Gerth Medien, Asslar 2002, S.107

Das Überwinden von Widerständen

Entscheidend ist Ihre Sichtweise von den Herausforderungen. Paulus schreibt an die Christen in Philippi: „Ich bin ganz sicher: Gott wird das gute Werk, das er bei euch angefangen hat, auch vollenden bis zu dem Tag, an dem Jesus Christus kommt."(Phil. 1,6)

Wie ist das möglich? Wie tut das Gott? Den Jesusnachfolgern in Rom schreibt Paulus darüber folgende bewegende Zeilen: „Wir wissen aber, dass denen, die Gott lieben, alle Dinge zum Besten dienen, denen, die nach seinem Ratschluss berufen sind. Denn die er ausersehen hat, die hat er auch vorherbestimmt, dass sie gleich sein sollten dem Bild seines Sohnes, damit dieser der Erstgeborene sei unter vielen Brüdern. ... Ist Gott für uns, wer kann wider uns sein? Der auch seinen eigenen Sohn nicht verschont hat, sondern hat ihn für uns alle dahingegeben – wie sollte er uns mit ihm nicht alles schenken? ... Wer will uns scheiden von der Liebe Christi? Trübsal oder Angst oder Verfolgung oder Hunger oder Blöße oder Gefahr oder Schwert? ... Aber in dem allen überwinden wir weit durch den, der uns geliebt hat. Denn ich bin gewiss, dass weder Tod noch Leben, weder Engel noch Mächte noch Gewalten, weder Gegenwärtiges noch Zukünftiges, weder Hohes noch Tiefes, noch irgendeine andere Kreatur uns scheiden kann, von der Liebe Gottes, die in Christus Jesus ist, unserem Herrn." (Röm. 8,28 - 39 i.A.)

Nichts, keine einsame Wüste, keine auslaugenden Widerstände, keine anstrengenden Wartezeiten, weder entmutigende Ablehnung noch Angst machende Bedrohung oder Zweifel schürende Ungewissheit kann Sie von Gottes Liebe trennen. Seine Liebe schützt Sie und seine Kraft hilft Ihnen. Er stellt sicher, dass alles, was Sie erleben und was Ihnen widerfährt, Ihnen zum Segen dienen muss.

Gott ist das Zentrum Ihrer Berufung. Er ist es, der Sie in Ihrer Einmaligkeit erschuf. Er ist es, der Sie beruft. Er ist es, der die verschiedenen Zeiten Ihres Lebens in der Hand hält. Und er ist es, der Ihnen helfen und Sie trainieren wird, Ihre Berufung trotz Widerständen zu leben.

Gott hat Ihnen eine Ahnung, eine Vision ins Herz gelegt, was Sie mit Ihrem Leben anfangen und bewirken möchten. Sie startet klein als Gedanke. Doch diese Idee, diese Ahnung hat das Potenzial und die Dynamik der Herrschaft Gottes in sich, groß und stark zu werden.

Jesus beschreibt diese Herrschaft Gottes mit folgendem bildhaften Vergleich: „Wenn Gott jetzt seine Herrschaft aufrichtet, geht es ähnlich zu wie bei einem Senfkorn, das jemand auf seinen Acker gesät hat. Es gibt keinen kleineren Samen; aber was daraus wächst, wird größer als alle anderen Gartenpflanzen. Es wird ein richtiger Baum, so dass die Vögel kommen und in seinen Zweigen ihre Nester bauen.“(Mt. 13,31f GN)

Legen Sie den Samen Ihrer Vision, den Samen Ihrer Berufung in die „Erde Ihres Lebens“. Glauben Sie Gottes Berufung für Ihr Leben. Ergreifen Sie sie.

* * *

Suchend blickte sich Mirjam um. Sie ließ ihren Blick über die Tische und Leute des beliebten Straßencafés am Marktplatz schweifen. Es gab keinen einzigen freien Tisch mehr. Der warme Sonnenschein und der strahlend blaue Himmel hatte jede Menge Leute an diesem Herbsttag ins Freie gelockt. Doch wo war Susanne?

Über den Köpfen am hintersten Ende des Café-Bereiches sah sie eine Hand winken. Und dann entdeckte sie den kastanienbraunen Lockenkopf ihrer Freundin. Mirjam schlängelte sich durch die Tische. Die beiden Freundinnen fielen sich in die Arme.

„Wann bist du angekommen?“, fragte Mirjam.

„Mein Zug kam vor einer halben Stunde. Habe ich uns nicht ein schönes Plätzchen ergattert?“

„Das hast du.“ Zufrieden setzte sich Mirjam und genoss den

Ausblick. Zweistöckige Bürgerhäuser im Renaissance-Stil umgaben von drei Seiten den Marktplatz, auf dessen einer Hälfte emsiges Treiben an den bunten Marktständen herrschte. Auf der Seite, die vor dem Schloss lag, rannten kleine Kinder hinter Tauben her. Studenten schoben ihre Räder. Alte Leute saßen auf Bänken im Sonnenschein.

Mirjam seufzte zufrieden und blickte in das braungebrannte, entspannte Gesicht ihrer Freundin. „Gut siehst du aus, Susanne. Man merkt richtig, dass du drei Wochen mit keinen Patienten und keinen Herausforderungen einer Stationsleitung zu tun hattest."

„Stimmt", erwiderte Susanne lachend.. „Drei Wochen fast immer Sonne, Blick auf ein tiefblaues Meer, nette griechische Nachbarn, die uns zum Essen einluden, ..."

Susanne sah Mirjam aufmerksam an. „Doch du siehst auch entspannt aus, Mirjam. Irgendwie zufrieden. Habe ich irgendein wichtiges Ereignis verpasst?"

„Guten Tag, was kann ich Ihnen bringen?" Sie blickten zu einer freundlichen Bedienung, die mit Block und Stift in der Hand vor ihnen stand.

„Einen Café au lait und Apfelstrudel mit Vanilleeis und Sahne."

„Und ich bekomme das Eis mit heißen Brombeeren."

„Vanilleeis mit Sahne und Apfelstrudel? Liebe Mirjam, könnte es sein, dass ich irgendetwas während meiner Abwesenheit nicht mitbekommen habe? Du bist doch sonst nicht so kalorienfreudig." Fragend und mit hochgezogenen Augenbrauen blickte Susanne ihre Freundin an.

Diese faltete ihre Hände ineinander und beugte sich nach vorne. Mit ernster Miene sagte sie:„Liebe Susanne, deine Beobachtungsgabe ist einfach verblüffend. Ja, du hast etwas verpasst. Ja, ich bin entspannt und zufrieden. Und deswegen feiere ich hier und heute mit dir, was du verpasst hast."

„Ah, und werden eure Hoheit mir mitteilen, was wir hier feiern?"

Grinsend erwiderte Mirjam Susannes neugierigen Blick. „Meine Berufung!"

„Deine Berufung!?" Verblüfft musterte Susanne Mirjam, die

den Wortwechsel offensichtlich genoss. „Und was genau daran feiern wir? Ich meine, deinen begeisternden Erzählungen über deine Entdeckungen entkam ich sowieso nicht. Das war eines unserer Hauptgesprächsthemen in den letzten Monaten. Was genau willst du feiern?“

Mirjam lächelte und blickte auf ihre Freundin, die sich entspannt zurückgelehnt hatte. Das war ihre kritische Zuhörpose. Sie war ganz Ohr, aber sie würde kein Hehl daraus machen, wenn sie Dinge anders sah, Ungereimtheiten entdeckte oder merkte, dass man Dinge nicht konsequent zu Ende gedacht hatte. Was war sie Gott dankbar für diese Freundin, die sie verstand und gleichzeitig mit ihren Erfahrungen und Einsichten bereicherte. Sie fühlte sich in dieser Beziehung immer wieder ermutigt, gefördert und gefordert.

Innerlich musste sie lächeln. Da waren sie wieder, die Worte, die ihr halfen, ihre Berufung zu begreifen. Wahrscheinlich war ihre Freundschaft deshalb so bereichernd, weil sie in dieser Beziehung das tun konnte, was ihre Berufung war, den anderen fördern und fordern immer tiefer in seine Berufung hinein zu wachsen. Susanne war wie sie ein Mensch, der wachsen wollte, der Gott immer tiefer und besser kennen lernen wollte und vor allem Dinge umsetzen und erfahren wollte. Ihr Leben war daher ein Abenteuer, auch wenn sie das gesellschaftlich unauffällige Leben einer Krankenschwester führte.

Mirjam blickte auf ihre Freundin, die sie noch immer erwartungsvoll ansah. Was war sie für ein Geschenk!

„Einmal Apfelstrudel und Café au lait und Eis mit heißen Brombeeren.“ Fragend sah die junge Bedienung sie an, bei wem sie was abstellen sollte.

„Warum isst du nicht?“ fragte Mirjam und ließ genussvoll das Vanilleeis auf der Zunge zergehen.

„Ich weiß noch nicht, was wir feiern,“ antwortete Susanne.

„Sorry! Also: Ich feiere den Kompass meiner Berufung, den Kampf um sie, meinen ersten Sieg und den Frieden, den ich gerade empfinde.“ Lächelnd sah Mirjam zu Susanne, die den

Eislöffel in der Hand hielt und sie sprachlos ansah.

Susanne kniff ein Auge zusammen, stütze den Kopf auf ihren Händen und fixierte ihre Freundin: „Kompass? Kampf? Sieg? Frieden?“ Sie schüttelte den Kopf. „Ab Montag bin ich wieder in der Klinik. Mal sehen, vielleicht haben wir auf der Nachbarstation ein Bett frei. Die Psychologen fänden das sicher sehr interessant.“

Sie tauchte den Löffel in die bläulich rote Beerensauce. „Hm“. Genießerisch schloss sie die Augen. Als habe sie dabei die Erleuchtung, hob sie den Löffel und blickte ihre Freundin erneut an. „Da kommt mir noch eine Idee. Verehrte Frau Mirjam, könnte es sein, dass es Ihnen zu gut geht?“

Mirjam, die sich gerade ein Stück Apfelstrudel in den Mund schieben wollte, prostete ihr mit dem Löffel zu und erwiderte: „Verehrte Frau Stationsleitung, könnte es sein, dass Sie neidisch sind und mir meinen momentanen Freudenzustand nicht gönnen?“

„Wohl getroffen, Verehrteste, wohl getroffen. Ich sehe, Ihre Treffsicherheit und Intuition hat Sie während meiner Abwesenheit nicht verlassen.“

Die beiden Freundinnen sahen sich grinsend an. Mirjam seufzte: „Das tut so gut. Ich liebe es, mich mit dir rumzukabbeln.“

Susanne nickte. Dann wurde ihr Gesicht ernst. „Sag mal, was meinst du mit deiner Bemerkung, du feierst den Kompass deiner Berufung?“

„Dass ich den Trainingsprozess zur Berufung abgeschlossen habe, weißt du?“ Susanne nickte.

„Nun, in der Auswertung“, fuhr Mirjam fort „wurde ich gefragt, was dieser Prozess in meinem Leben verändert hat? Als ich darüber nachdachte, wurde mir bewusst, dass ich zu Beginn des Kurses noch nach einer spektakulären Berufung suchte. Ich hielt Ausschau nach einer ganz speziellen Sache oder Aufgabe, etwas, worauf ich stolz sein konnte, was meinem Leben Bedeutung gab. Jetzt ist mir klar, dass meine Berufung ein einzigartiges Grundthema, eine einmalige Grundmelodie ist, die ich immer und überall leben kann. Durch die vielen Fragen und den Trainingsprozess habe ich mein jetziges Grundthema erkannt. Und mit dem Mission Statement habe ich eine Art Kompass erworben, der auf mich, auf meine Lebensmelodie und auf meine Lebensziele zugeschnitten ist. Ich merke nun, wenn es stürmisch wird und ich in Gefahr stehe, mich nur noch im Kreis zu drehen, hilft mir dieser Kompass, auf Kurs zu bleiben oder wieder auf Kurs zu kommen."

Mirjams Augen strahlten. Susanne sah sie nachdenklich an. Mirjams Stimme und ihr Körper drückten Festigkeit und eine große Gelassenheit aus. Es erinnerte sie an ihre eigene Haltung und Stimmung, wenn sie von einem Trekking-Urlaub zurückkam. Die klammen Klamotten, der Regen, die Erfahrung, an seine Grenzen zu kommen, die Müdigkeit und die Versuchung aufzugeben, die drückende Last des Rucksacks auf den Schultern waren vergessen. Da waren nur noch Freude und Stolz, es geschafft zu haben und die Widerwärtigkeiten überwunden zu haben. Und tief in ihr waren die Bilder von Wildnis und atemberaubender majestätischer Schönheit, die ihr Schwung und Ausdauer gaben für den Alltag. Bilder, in denen sie etwas von der Kraft und der Schönheit Gottes spürte. Bilder, bei denen ihr Herz zur Ruhe kam und sie zutiefst Gott wahrnehmen und spüren konnte.

Sie wusste, dass jeder Gott woanders in dieser Tiefe und Intensität erlebte. Mirjam hatte gerade eine solche Erfahrung hinter sich. Sie versprühte es mit ihrem ganzen Sein. Morgen würde sie vielleicht wieder in neue Herausforderungen verwickelt sein und darum kämpfen, auf Kurs zu bleiben. Doch heute feierte sie. Heute genoss sie die Gipfel, die sie hinter sich hatte, die Anstrengungen und Herausforderungen, die sie bewältigt hatte, die Bewährung, die sie erlebt hatte. Dieser Weg hatte sie wirklich verändert. Sie erschien gelassener, aber auch zielbewusster, weicher und gleichzeitig fester.

„Du betrachtest mich so nachdenklich, Susanne. Was denkst du?" Mirjam sah Susanne fragend an.

Susanne neigte leicht den Kopf und sah sie abschätzend an. Ein Lächeln stahl sich in ihre Augen. „Du hast dich verändert. Du bist gewachsen. Du wirkst reifer. Es ist, als ob du mehr in dir ruhst."

Mirjam nickte. „Ja, es hat sich gelohnt, diesen Prozess bis zum Ende durchzuhalten. Es war ein anstrengender Prozess, all die vielen kleinen Informationen über mich zu sammeln, und ich musste immer wieder meinen inneren Schweinehund überwinden. Doch gerade dieses Dranbleiben hat mich verändert. Es waren die vielen kleinen Schritte, Erkanntes umzusetzen, die mich wachsen ließen."

Mirjam wandte ihren Blick von Susanne und sah nachdenklich zum weit geöffneten Tor des Schlossgartens. Sie blickte wieder zu Susanne. „Doch es machte auch Spaß zu entdecken, wie mich Gott gemacht hat und was er alles in mir angelegt hat. Je mehr ich entdeckte, desto faszinierter war ich. Es war, wie wenn ich etwas über meine eigene Schönheit und Gottes Begeisterung über mich entdeckte. Das Wichtigste waren für mich die Gespräche mit meiner Trainerin. Alleine hätte ich manches Puzzleteil meiner Berufung übersehen, nicht wahrgenommen oder ernst genommen. Und dann hat sie mich immer wieder ermutigt und herausgefordert, meine Berufung im Alltag zu sehen und zu leben. Das hat mir geholfen weiterzumachen. Und jetzt ernte ich die ersten Früchte."

Zufrieden sah sie Susanne an, die ihr aufmerksam zugehört hatte. Die Sonne ließ die Rottöne in ihrem kastanienbraunen Haar aufleuchten. Mirjam schmunzelte. Die Locken, die sich wild und ungezähmt um Susannes Kopf rankten, waren wie ein Hinweis auf die Charakterstruktur ihrer Freundin. Eine der Eigenschaften, die sie an Susanne bewunderte, war, dass sie meist sehr klar wusste, wer sie war und was sie wollte. Diese Sicherheit hatte sie immer fasziniert, ja sie war ihr Beispiel und Ansporn gewesen, dass es gut und richtig ist, zu wissen, wer man ist, was man will und nicht will. Susanne liebte es, Dinge zu gestalten und zu verändern. Sie liebte Teamwork und sie liebte es, kleine flexible Gruppen zu führen, in die sich jeder Teilnehmer einbrachte. Vor zwei Jahren hatte sie ihre Stadt und Gemeinde verlassen, um in einem Krankenhaus 80 km entfernt eine Stelle als Stationsleitung anzutreten. Ein viertel Jahr später hatte sie alle damit überrascht, dass sie nicht Mitglied einer ‚normalen' Gemeinde wurde, sondern stattdessen Teil einer Hauskirche wurde. Damit hatte sie in ihrer alten Gemeinde einen Wirbel ausgelöst. Doch sie hatte erklärt, erläutert und war einfach ihren Weg gegangen. Wie machte sie das eigentlich?

Mirjam beendete die Gesprächspause, in der jede ihren Gedanken nachgehangen hatte. „Wie kommt es eigentlich, dass du kein Mission Statement brauchst, Susanne?"

„Wie meinst du das?", erwiderte Susanne. „Nun, du gehst einfach deinen Weg. Du brauchtest keinen Berufungskurs dazu."

Nachdenklich sah Susanne zu den Marktständen. „Auch ich brauche ein Leitbild. Ich brauche es nur nicht schriftlich wie du. Ich spüre es einfach in mir. Ich glaube, der Unterschied zwischen uns ist, dass das, wer ich bin, was ich will und wie mich Gott gemacht hat, nicht so verschüttet und verunsichert wurde wie bei dir. Ich habe in meiner Kindheit sehr viel Annahme und Sicherheit erlebt und nicht soviel Unsicherheit, Angst und Scham wie du."

Sie wandte sich Mirjam zu. Mirjam entdeckte in ihren Augen Aufrichtigkeit, Ernst und Wertschätzung. Dann blitzte Schalk in ihnen auf und sie erhielt von Susanne einen liebevollen Stoß. Die Erklärung dazu kam sofort. „Hinsichtlich meines Leitbildes", fuhr Susanne fort, „habe ich ganz stark von deinem Prozess profitiert. Ich habe z.B. begriffen, dass es nicht meine Berufung ist, Krankenschwester und Stationsleitung zu sein, so sehr ich diesen Beruf auch liebe. Das verdanke ich dir. Dadurch, dass du mich an deinem Prozess hast teilnehmen lassen, kann ich nun ebenfalls sagen, wie ich Gottes Liebe am besten erfahre, wie er mit mir redet oder was meine Werte sind. Es war, wie wenn du mir Oberbegriffe für das gabst, was ich in mir spürte und wovon ich mich leiten ließ. Ich frage mich nun oft: Was ist mir wichtig?

Was will ich leben? Was kann ich leben? Und dann überlege ich, welcher Rahmen passt zu meiner Berufung?" Sie schwieg. Dann fügte sie hinzu: „Ich bewundere deine Ausdauer und Hartnäckigkeit, den Prozess vollendet zu haben."

Mirjam blickte zu ihrer Freundin, die sie wieder ruhig und voller Wertschätzung ansah. „Danke, das ist ja ein ermutigendes Feedback."

Sie holte tief Luft und seufzte. Verwundert sah Susanne, wie Mirjam entschlossen ihr Kinn vor schob. „Ja, den Findungsprozess meiner Berufung habe ich abgeschlossen, doch der eigentliche Kampf, sie nun auch zu leben, geht jetzt erst so richtig los."

Grinsend lehnte sich Susanne nach vorne. „Ah, jetzt bekomme ich die Aufklärung, was du damit meintest, du feiertest auch deinen ersten Sieg und den Kampf." Neugierig blickte sie in Mirjams Gesicht. „Hast du etwa dein Problem mit dem Frauenkreis geklärt?"

Mirjam nickte. „Lass mich dir das beim Spazierengehen erzählen. Was hältst du davon, durch den Schlosspark zu bummeln?"

„Gute Idee."

Das Laub raschelte unter ihren Füßen. Es war noch frisch und zeigte warme Braun- und Rottöne. Über ihnen strahlte der blaue Himmel durch lichter werdende, leuchtend gelbe Baumkronen. Susanne blieb stehen und zog die Luft ein, die nach vermoderndem Laub roch. „Ich liebe diesen Geruch." Sie blickte zu ihrer Freundin und legte ihr eine Hand auf die Schulter. „Also, erzähl mal von deinem ersten Sieg. Wie ging das mit dem Frauenkreis aus? Gefrustet hatte er dich ja schon seit Monaten. Doch du kamst einfach zu keiner Entscheidung."

„Ja, mein Fehler war, dass ich nach einer Ja- oder Nein-Lösung suchte. Ich fragte mich: Kann ich dort meine Berufung leben? Ist das der richtige Rahmen? Irgendwie spürte ich, dass der Rahmen nicht passt, aber gleichzeitig hatte ich Angst, ausgestoßen zu werden und die Kontakte zu den Frauen zu verlieren, wenn ich ging."

„Und wie hat sich dieses Hin- und Hergerissensein gelöst?"

Mirjam grinste. „Gott zeigte mir, dass ich die falsche Frage stellte. Er machte mir klar, dass ich diesmal nicht fragen solle: Passt diese Arbeit zu meiner Berufung? Sondern, ich sollte schlichtweg meine Berufung dort leben, also die Frauen fördern und fordern und mit ihnen gottgewolltes Leben leben. Und das bedeutete, dass ich ihnen zum einen sagte, wo ich mich bei ihnen im Kreis verletzt gefühlt hatte, und zum anderen fragte, was sie sich von diesem Kreis wünschten. Ich musste endlich herausfinden, ob sie nach ihrer Berufung, nach Zielen oder Weiterentwicklung suchen und sie auch leben wollen."

Susannes Augen fingen vor Neugier und Bewunderung an zu funkeln. „Das war mutig. Du hast echt Kampfgeist. Und wie ging es aus?"

„Völlig anders, als ich dachte. Denn zeitgleich passierten zwei Dinge. Zum einen fragte ich bei den Rangern in der Nachbarstadt an, ob ich ein Praktikum bei ihnen machen könne. Die Mitarbeit dort begeistert mich so sehr, dass ich nächstes Jahr auf ein Trainings-Camp für Erwachsene fahre. Ich habe schon mein erstes Zeltwochenende mit den Kids hinter mir. " Sie kicherte. „Danach habe ich mir die offizielle Ranger-Kluft gekauft."

Susannes rechte Augenbraue ging in die Höhe. „Hey, dir scheint es ja echt ernst zu sein."

Mirjam blickte sie an und wurde ernst: „Ja, dieses Miteinander-Leben und im Team Dinge tun, wie Zelt aufbauen, Feuer machen, zusammen einkaufen, Spiele, Natur, es macht mir unglaublich Spaß. Und ... es entspricht meinem Mission Statement."

„Heißt das, du hast dich für die Ranger-Arbeit und gegen die Frauenarbeit entschieden?"

„Nein." Mirjam schüttelte den Kopf.

„Nein?" Susanne blieb stehen und verzog irritiert das Gesicht. „Heißt das, du machst nun beide Arbeiten? Das war dir doch zu viel."

„Jein", Mirjam schmunzelte, „siehst du, ich war genauso überrascht wie du. Also, wir trafen uns zweimal im Frauenkreis. Zum einen erzählte ich ihnen, wie ich manches in der Vergangenheit empfunden habe. Und dann bearbeiteten wir die Fragen: Was wünsche ich mir vom Frauen-Treff? Was will ich anderen im Frauen-Treff sein? Was soll der Frauen-Treff in der Gemeinde sein?"

„Und, was kam dabei heraus?"

Mirjam runzelte die Stirn. „Genau die Spannung, die ich empfunden habe. Manche wollen Außenstehende erreichen, manche nicht. Die meisten wünschen sich Offenheit und Gemeinschaft. Aber durch das Tratschen und Hereintragen von Konflikten aus anderen Kreisen wird genau das zerstört."

„Und wie wird es weitergehen?" Gespannt wartete Susanne auf die Antwort.

„Das wissen wir nicht!"

„Das wisst ihr nicht?" Verwunderung und Überraschung spiegelten sich auf Susannes Gesicht.

Mirjam grinste. „Ja, du hast richtig gehört. Zum ersten Mal seit Beginn des Kreises machen sich nun die anderen Frauen Gedanken. Ich bekomme von ihnen Anrufe mit Ideen und Vorschlägen. Mir gefällt das richtig gut, dass nicht mehr ich mir das Hirn zermartere, wie es weitergehen kann. Und so warte ich im Moment einfach ab. Ich habe den Eindruck, dass das genau die richtige Haltung gerade für mich ist."

Kopfschüttelnd blickte Susanne auf ihre Freundin, die gelassen und lächelnd vor ihr stand. „Aber eigentlich wolltest du doch diese Aufgabe los sein?"

Mirjam nickte. „Ja, doch Gott hat die Situation verändert, indem ich noch keine Kraft für die Aufbau der Ranger-Arbeit brauche. Ich laufe dort mit, kann zugucken, habe keine Verantwortung und das genieße ich. Ich dachte, eine Ranger-Arbeit bei uns müsste ich alleine aufbauen. Doch die Rangers arbeiten echt genial. Eine Kinder-Arbeit bei uns würde erst beginnen, wenn in der Gruppe, in der ich bin, genügend Mitarbeiter und auch Kinder dafür da wären. Dann würde eine Stammteilung stattfinden. Doch bis dahin bin ich dort in der anderen Gemeinde Mitarbeiter. Bei uns in der Gemeinde informiere ich und erzähle, was ich erlebe. Ich bin gespannt, wann sich andere angesprochen fühlen und dort vielleicht erst mal schnupperweise, so wie ich anfangs, mitarbeiten. In drei Wochen wird der Leiter meines Stammes bei uns in der Gemeinde einen Infoabend abhalten. Ich bin schon gespannt" Mirjams Augen funkelten.

Sie holte tief Luft und seufzte erleichtert. „Dass etwas so entspannt wachsen kann, hätte ich nie gedacht. Ich erlebe dort Teamwork und echte Unterstützung. Ich muss mir nicht mehr alleine Gedanken machen." Dann wurde sie ernst, als sie fortfuhr. „Und ob ich mit der Frauenarbeit aufhöre, hängt von der Entwicklung des Kreises ab, ob für mich dort Vertrauen und Gemeinschaft entsteht. Ich möchte diesen Kreis nicht mehr als Arbeit sehen, sondern als Ressource für mich. Motor werde ich nicht mehr sein. Ich warte nun ab, wohin Gott die Frauen bewegt."

Susanne blickte auf ihre Freundin, deren Gesicht Friede und Entschlossenheit ausdrückte. Sie schwieg, dachte nach, ließ ihren Blick über die gelben Rosen schweifen, die rechts und links vom Weg standen. Schließlich blieb sie stehen, sah Mirjam an. Anerkennung lag in ihren Augen und ihrer Stimme. „Das war wirklich ein Sieg. Ein Sieg über deine Angst und Unentschlossenheit. Und ein Sieg über erstarrende Strukturen." Sie lächelte. „Es ist einfach großartig, was Gott daraus gemacht hat, dass du vor dem Frust und dem Schmerz, den du in diesem Kreis erlebt hast, nicht länger davon gelaufen bist. Ich verstehe jetzt, dass du diesen ersten Sieg feierst." Sie umarmte Mirjam lachend. „Meinen Glückwunsch!"

Schweigend gingen die Freundinnen weiter. Warmes Licht tauchte die Parklandschaft in eine Symphonie von Farben und Formen. Kinder suchten und stocherten mit Füßen und Ästen im Laub unter einem gelb-grün leuchtenden Baum. „Schau, eine Kastanie! Komm lass uns hingehen. Vielleicht finden wir auch ein paar."

„Hier, guck mal." Mirjam reichte Susanne eine braun schimmernde Kastanie, deren eine Hälfte noch in der stacheligen Ummantelung steckte. „Sieht aus wie ein Kopf."

„Stimmt, wie ein Soldat mit Stahlhelm, bloß dass dieser Helm noch Stacheln hat", bestätigte Susanne. „Was hast du eigentlich damit gemeint, dass du den Krieg um deine Berufung feierst? Das mit deinem ersten Sieg habe ich ja noch kapiert. Aber wie kann man einen Kampf feiern?"

Fragend blickte Susanne zu Mirjam, die die Kastanie zurückgenommen hatte und nun den Kastanienkopf von seinem Hut befreite. Nun erst zeigte sich die schöne Musterung von einem dunklerem und einem helleren Rotbraun. Mit den Fingern der rechten Hand fühlte sie die glatte angenehme Oberfläche. Nachdenklich blickte sie auf das stachelige Gebilde in ihrer Linken.

„Du hast Recht, die Formulierung ist ungewöhnlich, aber ich habe noch keinen besseren Ausdruck. Das letzte Kapitel des Kurses bereitet einen darauf vor, dass der Prozess und der Kampf darum, der eigenen Berufung sicher zu werden, nur der Anfang ist. Wir wachsen in unsere Berufung durchs Tun. Und der Teufel wird alles daransetzen, uns durch Widerstände, Hindernisse, Versuchungen zu entmutigen, zu lähmen, an unserer Berufung zweifeln zu lassen und auszulaugen. Sein Ziel ist, unser Vertrauen in Gott und den Kontakt zu ihm zu trüben. Als ich das las, merkte ich: genau das erlebe ich. Manchmal werden mir im Alltag so viele Entscheidungen vor die Füße geworfen, dass ich den Eindruck habe, ich habe keine Zeit nachzudenken, was ich will und was ich nicht will. Statt Prioritäten zu setzen und Dinge zu lassen, komme ich ins Rotieren, will den Berg nur noch abarbeiten und bewältigen. Das laugt mich natürlich aus." Sie seufzte. „Es ist immer wieder dasselbe. Wenn ich mir zu viele Termine zumute und meine Grenzen nicht achte, dann bin ich so geplättet, dass ich für meine Berufung keine Zeit mehr habe."

Mirjam schwieg und schaute hinüber zum Schloss. Schließlich sagte sie: „Doch am meisten wendet er bei mir die Taktik der Entmutigung an."

Susanne nickte. „Das kann ich verstehen. Ich bewundere schon lange, wie du all die Streitereien, Grabenkämpfe und unendlich langsamen Entwicklungen in dieser Gemeinde aushältst. Ich habe das ja alles mitgemacht, als ich noch hier war: die verdeckten Machtkämpfe zwischen den einzelnen Gruppen, die mangelnde Kommunikation, nicht gefragt zu werden und vor vollendete Tatsachen gestellt zu werden. Wie oft ging es beim Tauziehen um Entscheidungen darum, wessen Arbeit wichtiger ist und wessen Meinung mehr zählt, anstatt den Blick für das große Ganze zu haben oder sich zu fragen, auf was konzentrieren wir uns."

Grinsend sah Mirjam zu Susanne, die immer erregter und lauter geworden war. Scherzend fügte sie hinzu: „Du hast noch vergessen, dass die meisten den Eindruck haben, etwas Tolles bringen oder auf die Beine stellen zu müssen. Sie verwirklichen gute, großartige Projekte wie Kick-off während der Fußball-Weltmeisterschaft. Alle Kräfte der Gemeinde wurden dafür gebündelt. Doch hinterher waren wieder einmal alle ausgelaugt. Im Kinderbereich war es das Promiseland-Konzept. Es ist großartig, doch wir haben nicht genügend Leute dafür. Die Frau, die es leitet, fing voller Enthusiasmus an. Inzwischen ist sie frustriert und völlig erschöpft. Und unter ihren Mitarbeitern gärt und brodelt es."

Susanne war stehen geblieben. Sprachlos, mit offenem Mund hatte sie zugehört. Sie stemmte die Hände in die Hüfte und schüttelte den Kopf. „Wie hältst du das nur aus?"

Mirjam erwiderte den fragenden Blick ihrer Freundin, der die Entrüstung und Empörung in ihrem Gesicht langsam ablöste. „Gott schenkt mir zunehmend Gelassenheit. Diese Momente sind nicht immer da. Was meinst du, wie enttäuscht und frustriert ich war, als im Leitungsteam die Kick-off-Veranstaltung beschlossen wurden. Einen Tagesordnungspunkt vorher hatte ich mich dafür eingesetzt, dass wir als Gemeinde überlegen, wo wir Räume haben, zu denen wir ganz natürlich andere einladen können. Nach dem Motto: Wo sind unsere Stärken? Was macht uns Spaß? Was machen wir sowieso? Um mit gutem Beispiel voranzugehen, habe ich erklärt, dass Richard und ich einen Treff zum Volleyball-Spielen anbieten werden, wo völlig zwanglos andere zum Volleyballspielen kommen können. Ja, das wäre sinnvoll, meinten die anderen.

Als nächsten Punkt schlug unser Pastor dann die Kick-off-Veranstaltung vor. Es war unglaublich. Das war das genaue Gegenteil von dem, was ich auf dem Herzen hatte. Wieder ging es um Leisten und Tun anstatt um Sein. Ich argumentierte. Doch das war zwecklos. Plötzlich hatte ich drei Männer gegen mich, die alle fußballbegeistert waren. Lydia war krank und so stand ich ihnen alleine gegenüber. Jaa, jaa, du hast recht, meinten sie. Wir dürfen unsere Kräfte nicht von Aktionen auffressen lassen. Doch Kick-off ist nur jetzt. Das ist einmalig.“ Mirjam schüttelte den Kopf, wie wenn sie es noch immer nicht fassen könnte.

„Du scheinst deine Niederlage aber ganz gut verkraftet zu haben“, meinte Susanne lächelnd.

„Ja, aber erst mal war ich furchtbar enttäuscht und entmutigt. Doch es scheint, dass mit jedem bewältigten Konflikt Gott in mir ein bisschen mehr Gelassenheit wachsen lässt . Zum einen hole ich mir alle sechs bis acht Wochen Coaching, um bei mir zu bleiben und in aktuellen Konflikten, wo ich keine Lösung finde, Bewegung reinzubringen. Und zum anderen hat mich Gott einfach für dieses Leitungsamt begabt. Wenn bei uns alles reibungslos liefe, bräuchte er mich gar nicht mit meiner Fähigkeit, Dinge wahrzunehmen, anzusprechen, für klare Sicht zu sorgen, sachlich zu argumentieren, gute Strukturen zu finden oder kreative Lösungsmöglichkeiten zu finden.“

„Und dann“, sie blickte Susanne bedeutungsvoll an und lächelte verschmitzt, „hilft mir mein Mission Statement. Ich lebe einfach nur meine Mission und überlasse es Gott, wann, wie und wo er andere durch mein Leben mobilisiert oder verändert.“

Susanne verdrehte die Augen und lachte. „Du willst mich unbedingt zu einer Mission Statement-Formulierung überreden, stimmt´s?“

Mirjam verzog den Mund und schüttelte den Kopf. „Nein.“ In ihren Augen blitzte es. „Doch ich liebe es, dich herauszufordern. Ich fände es einfach spannend zu wissen, wie du deine Berufung in Kurzform auf den Punkt bringen würdest. Aber ich seh schon, dir geht's viel zu gut."

Susanne hob fragend eine Augenbraue in die Höhe. „Wie meinst du das?"

Schalk und Ernst blitzten in Mirjams Augen, als sie antwortete: „Ohne einen hohen Grad an Schmerz und Frust verändern wir nichts."

„Hm, du hast Recht. Bei unseren Patienten kann ich das gut beobachten. Und sogar dann verschließen viele vor einer Veränderung ihres Verhaltens die Augen."

„Hast du eigentlich mal deine Trainerin gefragt, warum das so ist, dass wir oder Systeme wie Ehen, Familien, Gemeinden oder andere Zusammenschlüsse von Menschen so viel Schmerz und Leidensdruck erfahren müssen, bevor wir Dinge ändern?"

„Ja, habe ich," erwiderte Mirjam. „Sie meinte, Systeme an sich hätten die Bestrebung, stabil zu sein. Sonst wäre ständig alles in Bewegung. Ihre Stabilität sorgt für ein gewisses Maß an Ordnung und Sicherheit. Und deswegen braucht es hohe Reize und Erschütterungen, damit sich ein System ändert."

„Aber das bedeutet ja, dass Wut, Frust, Ärger, schmerzliche Erfahrungen ein notwendiger Bestandteil von Veränderungsprozessen sind."

Mirjam nickte. „Das ist zumindest meine Erfahrung. Und ich beobachte es bei uns in der Gemeinde. Du hast mich vorhin gefragt, wie ich diese langsame Entwicklung bei uns in der Gemeinde aushalte."

Susanne nickte und blickte gespannt in Mirjams Augen, in denen tiefer Ernst und zugleich ein Lächeln sich spiegelten. „Ich beobachte, wie Gott einzelne Ehepaare in unserer Gemeinde erschüttert und in die Veränderung führt. Wie Richard und ich vor ein paar Jahren sind es junge Familien, die erschöpft zusammenbrechen. Wie wir damals ziehen sie sich aus den Gemeindeaktivitäten zurück und holen sich Hilfe und Beratung. Und entweder verlassen sie die Gemeinde oder sie klinken sich nach ein, zwei Jahren wieder ein, aber anders, klarer, abgegrenzt, mit einem präzisen Verständnis, was ihnen wichtig ist und was nicht.“

Nachdenklichkeit, Schmerz, aber auch eine stille Annahme und Akzeptanz spiegelten sich in ihrem Gesicht wider, als sie sagte: „Und so erlebe ich, wie Gott bei uns die Leute erst komplett lahmlegen muss, bevor sie nachdenken.“

Sie seufzte: „Die meisten Störungen und Probleme in unserer Gemeinde kommen meiner Meinung nach daher, dass die Leute ihre Berufung nicht kennen.“

Susanne blieb stehen und legte ihr teilnehmend die Hand auf die Schulter. „Wovon träumst du, Mirjam?“ Diese blieb auch stehen und blickte zurück zum Teich. Sie schwieg, schien nachzudenken. Schließlich deutete sie auf den kleinen See. „So wie dieser Teich vorhin den Himmel und die Trauerweide widerspiegelte, so wünsche ich mir, dass wir das Leben widerspiegeln, wie es sich Gott gedacht hat, reich an Gemeinschaft, Teamwork, fruchtbarer Kommunikation, Liebe, Kreativität und jeder weiß, wozu er auf dieser Welt ist. Ich träume davon, dass meine Gemeinde wie eine gesunde Familie ist, in der Menschen dies lernen, einfach weil die Eltern dies mit ihnen leben. Und dann wünsche ich mir, dass aus geistlichen Gemeindekindern junge Erwachsene werden, die in die Welt hinausgehen, ihre Berufung suchen und ihren Platz einnehmen.“

Erstaunt hob Susanne eine Augenbraue: „Du meinst, seine Berufung findet man gar nicht in seiner Gemeinde und die Gemeinde ist auch nicht dafür zuständig, dass man sie findet?“

Mirjam grinste: “Okay, das war eine Bemerkung gegen all die Nesthocker, die wir in unseren Gemeinden zulassen. Du kennst doch meine Meinung. Es ist wie bei Sven und Ronja. Ich teile mein Leben mit meinen Kindern, ich fördere und fordere sie in ihren Fähigkeiten und Schwächen. Das ist meine Aufgabe. Doch irgendwann bin ich nicht mehr für sie zuständig. Da sind sie selber dafür verantwortlich, dass sie wachsen, dass sie das tun, was ihnen entspricht, dass sie ihre Probleme lösen und sich Hilfe holen, wo sie welche brauchen. Ich lege die Grundlage, ich gebe eine möglichst gute Starthilfe und ein möglichst gutes Vorbild. Doch was sie daraus machen, liegt in ihrer Verantwortung. Und das gilt meiner Meinung nach auch für das System Gemeinde.“

Liebevoll sah Susanne zu Mirjam. Mirjam hatte diese letzten Sätze mit solch einer Leidenschaft und einem Nachdruck hervorgebracht, dass sie spürte, genau hier schlug Mirjams Herz für Menschen und für Gottes Reich. Mirjam wollte Menschen aufbauen. Und es mussten Menschen sein, die nach Zielen, nach Weiterentwicklung, nach ihrer Berufung suchten. Nachdenklich ruhten Susannes Augen auf Mirjam. Und dann begriff sie: Mit ihrer Leidenschaft machte Mirjam etwas von Gottes Wunsch sichtbar, sein Leben mit seinen Menschen zu teilen. Sie machte etwas sichtbar von Gottes Wunsch, dass seine Kinder die Einzigartigkeit erkannten und lebten, wozu er sie geschaffen hatte. Mirjam veranschaulichte Gottes Anliegen zu fördern und zu fordern um der oder die zu werden, der oder die man sein kann.

Susanne betrachtete Mirjam, die sich bückte und Ahornblätter sammelte, deren hellgrüne Adern für ein leuchtendes Muster im Gelb und Rot und Orange des Blattes sorgten. Das war Mirjam: im einen Moment ernst, voller Tiefe und Leidenschaft, im nächsten Moment spielend wie ein Kind. Ihre Worte über die Notwendigkeit, geistlich erwachsen und mündig zu werden, waren voller Leidenschaft, ja reifer Liebe gewesen. Wie sie eben gerade und mit offenem Blick vor ihr gestanden war und ihre Leidenschaft für flügge werdende Menschen geäußert hatte, hatte ihre Körperhaltung neben aller Entschlossenheit nichts Bedrängendes ausgedrückt. Sie hatte Bereitschaft und Wachsamkeit gesehen. Ja, Mirjam würde immer jemand sein, der konfrontierte. Doch da war auch Zurückhaltung gewesen. Sie war jemand, der die Freiheit des anderen achtete. Sie manipulierte nicht, sie gab den anderen frei, auch wenn sie litt. Schon oft hatte sie sich gefragt, wie Mirjam ihr Leitungsamt in der Gemeinde aushalten konnte. Nun begriff sie. Es war Liebe. Mirjam spiegelte etwas von Gottes Liebe, die konfrontierte, lockte, mahnte, litt, aber nie manipulierte. Es war eine Liebe, die den Teil an Ohnmacht akzeptierte, der eine Folge der Freiheit des anderen war.

Noch immer sammelte Mirjam Blätter. Susanne schüttelte den Kopf: „Was hast du denn mit den Blättern vor, Mirjam? Wir wollen noch in ein Konzert. Willst du mit den Blättern wedeln und tanzen."

Mirjam sah zu ihr hoch und grinste. „Interessanter Gedanke. Wär mal was Neues."

Susanne breitete ihre Jacke auf dem trockenen Rasen aus und setzte sich darauf. Das Licht nahm zunehmend den warmen Goldton der Abendsonne an.

Mirjam blickte Susanne prüfend an. Sie sah den Schalk in Susannes Augen. Mit einem Plumps ließ sie sich neben ihr ins Gras fallen. „Was hast du vor?"

Susanne räkelte die Schultern und deutete mit dem Kopf nach hinten. „Die letzten Sonnenstrahlen genießen und dann zugucken, wie sie untergeht. Hast du Lust?"

Mirjam nickte und blickte ebenfalls nach hinten. Von der kleinen Anhöhe hatten sie einen tollen Blick auf die Parklandschaft und das Schloss. Man merkte gar nicht, dass man sich im Herzen einer Stadt befand. Mirjam nahm ihre Jacke als Unterlage für den Kopf und legte sich auf den Rücken. Beide schwiegen. Sie spürten die kühler werdende Luft. Mit dem Verstummen ihrer eigenen Stimmen drangen nun andere Geräusche an ihre Ohren. Ab und zu brummte eine Hummel vorbei. Hier und da erklang das Zwitschern von Vogelstimmen. Kinderrufe, Lachen und ein leises, einförmiges Motorengeräusch des Stadtverkehrs brandeten wie sanfte Wellen an ihre Ohren.

Es war Susanne, die das Schweigen brach. „Darf ich dich was fragen?"

„Hm."

„Ich verstehe immer noch nicht, wieso du den Kampf um deine Berufung feiern kannst?"

Mirjam schlug die Augen auf und sah zu ihrer Freundin, die sie fragend anblickte. Sie sah den Ernst darin und setzte sich auf. „Hm. Wie soll ich dir das erklären?"

Sie schwieg, überlegte. „Ich sehne mich nach nichts mehr als nach einer heilen Welt. Das hat mich bis vor kurzem bei jeden Widerstand, bei jeder Anfechtung innerlich aufstöhnen lassen. Doch dann las ich ein Männerbuch." Sie grinste. „Richard hatte es gelesen und es lag auf seinem Nachtkästchen rum. Eigentlich ging es ums Mann-Sein und darum, das Abenteuer zu leben, das zu bestehen Gott den Mann geschaffen hat. Doch was mich faszinierte war, dass der Kampf hier als etwas Normales, ja zum Leben Dazugehöriges geschildert wurde. Es ging darum, an Gottes Kampf um die Menschen beteiligt zu sein."

Mirjam blickte in Susannes aufmerksames Gesicht, sah Konzentration und gespannte Erwartung und fuhr fort: „Jedenfalls begriff ich, dass das, worüber ich so stöhne, eigentlich ein echtes Abenteuer ist, ein himmelernster, erbitterter Kampf zwischen Gut und Böse. Mir wurde bewusst, ich darf mit dabei sein und erleben, wie Gottes Liebe die Dunkelheit dieser Welt überwindet. Ich darf mit zeigen und mit erleben, wie seine Liebe Hass und Apathie überwindet. Ich darf bei mir und bei anderen miterleben, wie in Ausweglosigkeit und Entmutigung seine Hoffnung aufstrahlt. Und ich darf erfahren, wie er Schmerz, Leid, Beschämung, Entwürdigung, Ausgrenzung, Nichtbeachtung, Einsamkeit, Verlassensein, Ohnmacht in Segen, Freude und Licht verwandelt. Dabei zu sein, wie Gottes Liebe die Dunkelheit besiegt, das ist kein Kampf, den ich fürchten muss. Gott hat ja schon alles entschieden."

Mirjam schwieg, die Stirn in Falten. Sie dachte nach. „Und dann dämmerte mir: Eigentlich ist dieser Kampf Gottes um die Menschen, das Aufrichten seiner Herrschaft, das Miterleben, wie sein Licht, seine Hoffnung, seine Heilung das Böse, die Finsternis besiegen, genau das, was ich erleben möchte. Es ist der Teufel, der mir immer wieder einflüstert: Hör auf zu kämpfen, du kannst das nicht, es ist zu anstrengend. Na ja, und so beschloss ich, nicht mehr zu jammern, dass das Leben meiner Berufung umkämpft ist, sondern diese Schlacht um meine Berufung und um die Berufung anderer zu feiern."

Sie verzog das Gesicht, grinste: „Also, wenn ich das nächste Mal jammere, dass alles so anstrengend oder frustrierend ist, erinnere mich: Ganz tief innen will ich erleben, wie Gottes Kreativität, Berufung und Teamwork mit uns siegt. Er hat versprochen, bei mir zu sein und mir zu helfen. Am besten fragst du mich dann, was Gott zu mir und meiner Situation und meinem Jammern sagt."

Sie blickte zu Susanne. Diese sah sie an, lange, nachdenklich. Ein spitzbübisches Lächeln zeigte sich in ihren Augen und Mirjam erhielt einen sanften Knuff in den Oberarm: „Ich werde dich daran erinnern, Mirjam. Darauf kannst du dich verlassen."

Susanne rieb sich die Arme. „Puh, jetzt wird es aber kalt. Schau, die Sonne ist verschwunden." Eine kühle Feuchtigkeit breitete sich über der Wiese aus. Beide fröstelten. Susanne stand auf, hielt Mirjam die Hand hin und zog sie hoch. „Komm, lass uns losgehen, das Konzert wird bald anfangen. Dein Feiern ist noch nicht zu Ende."

III. Anhang

Das Trainingsprogramm „Wecke deine Vision"

Liebe Leserin, lieber Leser,

vielleicht möchten Sie wie Mirjam alleine oder mit anderen Ihre Berufung und Vision entdecken.

Mehr über den Trainingsprozess „Wecke deine Vision" und über die Möglichkeit persönlicher Beratung / Coaching erfahren Sie auf meiner Homepage: www.lebe-deine-vision.com

Gerne können Sie mich zu einem Einführungs-Seminar „Wie entdecke ich meine Berufung?" und zu Tages- oder Wochenendworkshops einladen.

Ihre Andrea Kreuzer

Nachwort der Autorin

Immer wieder werde ich gefragt: „Wie kommen Sie zu diesem Thema Berufung?"

Warum machte mir Gott dieses Thema so wichtig?

Er machte es mir so wichtig, weil ich hier am meisten verletzt wurde. An der Stelle, wo meine Berufung ist, - also zu leben und zu tun, wozu Gott mich geschaffen hat -, wurden mir meine tiefsten Wunden geschlagen.

Ich habe gelernt: Dort, wo wir am meisten verletzt wurden, dort haben wir am meisten zu sagen und zu geben.

Eine der wichtigsten und tiefsten Überzeugungen, die ich durch die Entdeckungsreise meiner eigenen Berufung und die Begleitung von Menschen auf ihrer Suche gemacht habe, ist: Unsere Berufung ist etwas zutiefst Leben Spendendes und Heilsames, für uns und für andere. Sie führt uns und andere in die Freiheit, die zu sein und das zu leben, wer wir wirklich sind.

Deshalb brennt mir dieses Thema Berufung so unter den Nägeln!

Mich begeistert am Prozess der Berufungsfindung, dass Menschen die Kraft und die Freiheit bekommen, ihren Platz zu suchen und einzunehmen. Und damit kommen auch andere Dinge an ihren richtigen Platz.

Es ist sehr schwer, ein System wie Familie, Arbeitsplatz oder Gemeinde zu verändern. Doch wenn der Einzelne sich verändert, verändert sich das ganze System. Es wird reagieren, so wie das gesamte Mobile auf die Bewegung eines einzelnen Teils reagiert.

Was ist meine Vision?

Eine Erfahrung auf dem Weg, meine Berufung zu leben, ist: Wir schaffen es nicht allein. Wir brauchen Wegbegleiter, Menschen, mit denen wir gemeinsam unterwegs sind. Wir brauchen die Ermutigung, das Feedback, das kritische Hinterfragen, das Reflektieren und Entdecken mit anderen, was Gott in unserem Leben tut.

Und hier setzt meine Vision an. Ich träume davon, dass in unserem Land Hoffnungs- und Visionsgruppen sprießen: Gruppen, in denen sich Menschen ermutigen und helfen, an ihrer Vision dran zu bleiben und sie zu leben.

Wie kann das beginnen? Ganz praktisch, indem Menschen gemeinsam oder erst einmal allein sich auf den Weg machen, ihre Berufung suchen und das leben, was sie erkannt haben.

Meine Erfahrung ist, dass Gott niemanden allein lässt. Er stellt uns Weggefährten zur Seite. Manchmal müssen wir erst entdecken und annehmen, dass wir diese Menschen nicht im vertrauten Gemeinderahmen finden, sondern in der weltweiten Gemeinde Gottes.

Wenn Sie mehr über solche Visions- oder Hoffnungsgruppen erfahren möchten, besuchen Sie meine Website.